A NOVA LÓGICA FINANCEIRA

CARO LEITOR,

Queremos saber sua opinião sobre nossos livros.
Após a leitura, curta-nos no **facebook.com/editoragentebr**,
siga-nos no Twitter **@EditoraGente** e
no Instagram **@editoragente**
e visite-nos no site **www.editoragente.com.br**.
Cadastre-se e contribua com sugestões, críticas ou elogios.

BRUNO DINIZ

PREFÁCIO DE ANTONIO SOARES

A NOVA LÓGICA FINANCEIRA

COMO AS SOLUÇÕES
FINANCEIRAS DIGITAIS
ESTÃO IMPACTANDO TODOS
OS MERCADOS E O QUE
FAZER PARA SOBREVIVER
NESSE CENÁRIO

Gente
AUTORIDADE

Diretora
Rosely Boschini

Gerente Editorial Pleno
Franciane Batagin Ribeiro

Assistente Editorial
Bernardo Machado

Produção Gráfica
Fábio Esteves

Preparação
Wélida Muniz

Capa
Vanessa Lima

Projeto Gráfico e Diagramação
Gisele Baptista de Oliveira

Revisão
Andréa Bruno
Amanda Oliveira

Gráficos e Tabelas
Linea Editora

Impressão
Assahi

Copyright © 2021 by Bruno Diniz
Todos os direitos desta edição
são reservados à Editora Gente.
Rua Original, 141/143 – Sumarezinho
São Paulo, SP – CEP 05435-050
Telefone: (11) 3670-2500
Site: www.editoragente.com.br
E-mail: gente@editoragente.com.br

Dados Internacionais de Catalogação na Publicação (CIP)
Angélica Ilacqua CRB-8/7057

Diniz, Bruno
  A nova lógica financeira : como as soluções financeiras digitais estão impactando todos os mercados e o que fazer para sobreviver nesse cenário / Bruno Diniz. - São Paulo : Gente Autoridade, 2021.
  192 p.

ISBN 978-65-88523-26-1

1. Finanças 2. Negócios I. Título

21-3951   CDD 658.1

Índice para catálogo sistemático:
1. Finanças

nota da publisher

Tenho certeza de que este livro é para você: nós, consumidores e profissionais, estamos vendo e sentindo, diariamente, as mudanças trazidas pelo fenômeno das fintechs e pelo aumento de produtos e serviços financeiros digitais ofertados por pequenas e grandes empresas. Em A nova *lógica financeira*, Bruno Diniz nos mostra não só o quão importante é compreender esse panorama atual, mas também o que será preciso para sobreviver e prosperar nesse cenário.

Consultor premiado do mercado financeiro, Bruno é daqueles profissionais cuja disciplina e dedicação são inspiradoras: palestrante, professor, colunista e mentor, está sempre antenado para o que há de mais inovador e disruptivo. Viu em primeira mão os bancos deixarem de ser o centro da vida financeira dos clientes ao mesmo tempo em que o número de fintechs crescia, e por isso afirma: qualquer empresa pode se tornar um banco. Assumiu como missão de vida passar adiante todo esse conhecimento, sempre da melhor forma possível, e ao ver as pessoas confusas com todos os avanços e transformações do mercado, e colegas de profissão preocupados com os novos perfis profissionais demandados, entendeu que precisava construir o guia ideal para que todos entendessem de uma vez por todas os impactos causados por essa nova lógica financeira, as oportunidades geradas e como melhor aproveitá-las.

Aqui, você aprenderá tudo sobre fintechs e bigtechs, expectativas dos consumidores e estratégias dos bancos e, especialmente, o que fazer para dar aquela movimentada em sua carreira. Tudo isso é apresentado pelo autor por meio de uma linguagem clara e didática, e de cases de grandes empresas que ele expõe e debate. Eu não poderia estar mais orgulhosa de ter Bruno Diniz publicando com a Gente um tema tão atual e importante – e de que nenhum outro especialista está falando. Que a visão de futuro ímpar de Bruno seja a sua também. Boa leitura!

Rosely Boschini – CEO e Publisher da Editora Gente

Dedico esta obra à minha esposa Larissa, aos meus pais Eustáquio e Marly, e à minha saudosa irmã Sarah, amores da minha vida, que sempre acreditaram, deram suporte e incentivo aos meus sonhos.

sumário

10 **PREFÁCIO**
16 **INTRODUÇÃO**

CAPÍTULO 1
27 **UM NOVO AMBIENTE FINANCEIRO**
30 A grande transformação do mercado
35 As novas relações de consumo
39 Case – Starbubcks
40 Olhando para o futuro

CAPÍTULO 2
43 **OS IMPACTOS DA NOVA LÓGICA NO MERCADO E NA SOCIEDADE**
45 Os novos desafios para os bancos
51 Case – Inter
53 As novas possibilidades para as empresas
56 Case – Magazine Luiza
58 A reconfiguração das relações de trabalho

CAPÍTULO 3
61 **AS MUDANÇAS CULTURAIS COMO ELEMENTO-CHAVE**
63 Os novos comportamentos e expectativas dos consumidores
70 Uma nova percepção em relação aos serviços financeiros
75 As relações de consumo pós-2020

CAPÍTULO 4
79 **OS VETORES DA TRANSFORMAÇÃO NO SEGMENTO FINANCEIRO**
81 A abertura regulatória do setor
84 Pix, Sandbox Regulatório, Open Banking e a nova infraestrutura do mercado
91 Criptoativos e CBDCs

CAPÍTULO 5
97 O NOVO JOGO FINANCEIRO
99 Banking as a Service e os serviços financeiros embutidos (embedded finance)
108 Case – Trybe
110 Entram em cena as bigtechs e os superapps
113 A plataformização do mercado financeiro

CAPÍTULO 6
119 DIRECIONAMENTO PARA EMPRESAS RUMO À NOVA LÓGICA FINANCEIRA
120 Oportunidades à vista
132 Ecossistema de provedores
138 Este é o momento ideal para sua empresa adotar o embedded finance?

CAPÍTULO 7
141 OS AJUSTES DE ROTA NECESSÁRIOS PARA AS INSTITUIÇÕES QUE JÁ ATUAM NO MERCADO FINANCEIRO
142 A visão dos bancos sobre essa nova realidade
149 Potenciais estratégias e papéis a serem ocupados
157 A instituição financeira está de fato se preparando para a realidade trazida pela nova lógica financeira?

CAPÍTULO 8
163 MANUAL DE SOBREVIVÊNCIA PARA PROFISSIONAIS DO MERCADO FINANCEIRO
165 Uma visão mais ampla das possibilidades
178 Novos tempos, novas formas de gerir talentos
180 Você está preparado para esse novo momento?

CAPÍTULO 9
183 A PRÓXIMA ERA DOS SERVIÇOS FINANCEIROS ESTÁ SENDO ESCRITA AGORA

prefácio

Vivemos tempos intensos. Tempos de inquietações, incertezas, disrupções. Tempos em que é mais importante saber fazer boas perguntas do que ter respostas prontas. Tempos em que precisamos estar sempre atentos para o impacto das transformações e preparados para mudar constantemente. E, por isso mesmo, tempos de imensas oportunidades para quem estiver disposto a enfrentar os desafios.

Para lidarmos melhor com os tempos atuais, precisamos nos cercar de pessoas que saibam fazer excelentes perguntas e provoquem o debate. Pessoas que não se conformam com o statu quo, pessoas que percebem as oportunidades nas mudanças e se adaptam rápido ao que o mundo apresenta. Pessoas como Bruno Diniz.

Como todas as boas surpresas da vida, Bruno apareceu no meu caminho quase que por acaso; foi apresentado a mim por Marcelo Jacques – hoje Chief Strategy Officer aqui na Dock –, que havia trabalhado com ele em um banco de investimentos, e imediatamente vi que Bruno tem uma visão muito fora do tradicional. Alguém com quem vale a pena compartilhar pensamentos e convidar para debates, porque sempre acrescenta um insight, uma sugestão, uma ideia. Características de alguém pronto para desbravar novos caminhos. Por isso mesmo, passamos a promover várias iniciativas em conjunto, convidando Bruno para nossos eventos e encontrando oportunidades em comum, além de termos nos encontrado em eventos diversos em que ambos palestramos.

Com uma mente questionadora, ele tem feito provocações visionárias, que saem do lugar comum.

Por isso já trago o spoiler: a visão que Bruno traz sobre a nova lógica financeira auxiliará você a perceber oportunidades que estavam escondidas e fomentar um novo olhar sobre o setor – além de perceber a urgência que existe para transformar uma estratégia inovadora em realidade.

E senso de urgência é algo que todos deveríamos ter, pois estamos vivendo uma época de grandes transformações. A digitalização do consumo, dos meios de pagamento e dos serviços financeiros já vinha se intensificando nos últimos anos, mas teve uma aceleração recorde em decorrência do contexto inesperado que a pandemia de covid-19 trouxe ao setor privado e a toda a sociedade; processos evolutivos que deveriam ocorrer em dez anos acabaram acontecendo em seis meses, e essas mudanças transformaram – não apenas durante a crise – o futuro do varejo, do consumo e dos negócios.

Até o início de 2020, poucos varejistas nascidos no mundo físico tinham o digital no centro da sua estratégia, pois a venda na loja física era predominante. Hoje, a presença digital é estratégica para a continuidade dos negócios, e quase que do dia para a noite, empresas pouco digitalizadas passaram a estar fora do jogo em todos os segmentos de mercado.

Embora a palavra já esteja ficando desgastada pelo excesso de uso, "disrupção" tem um sentido muito forte: ruptura com o passado. Por isso, não é exagero algum dizer que as disrupções dos negócios forçam cada um de nós a encontrar soluções criativas para os problemas que surgem.

Foi o que aconteceu com milhares de varejistas que tinham produtos em estoque, mas não podiam vender por conta das lojas fechadas: o WhatsApp rapidamente se tornou um importante canal de relacionamento e vendas. Por conta dessa e de outras inovações que foram utilizadas para melhorar a experiência digital do consumidor, o e-commerce vivenciou um boom sem precedentes e viu a fidelização rápida de pessoas que fizeram sua primeira compra em 2020. Há diversos outros exemplos no setor privado, mas vimos avanços importantes também em nível governamental. Um exemplo é a distribuição do auxílio emergencial pelo governo: a Caixa criou o Caixa Tem, um app que conectou as pessoas que precisavam da ajuda financeira e obteve um engajamento incrível.

A crise de 2020 deixou claro que a população brasileira está digitalizada por meio do smartphone: a infraestrutura que sustenta a disrupção já está criada e as transformações estão vindo de forma cada vez mais acelerada.

Um bom exemplo dessa aceleração é o Pix, o sistema de pagamentos instantâneos implantado em novembro de 2020 pelo Banco Central. Em poucos meses, ele se tornou mais utilizado que TEDs, DOCs, cheques e boletos bancários juntos. Mais importante do que a relevância como meio de pagamento, o Pix indica o que devemos esperar para o futuro das interações com os consumidores: veremos uma espécie de fusão dos pagamentos digitais com os processos de negócios, permitindo o desenvolvimento de modelos de operação nos quais os pagamentos se tornam invisíveis.

Historicamente, o pagamento tem sido uma interrupção à experiência do cliente, tanto on-line quanto off-line. O ambiente do varejo, a usabilidade do site ou do app, o encantamento trazido pela experimentação do produto e pelo atendimento do time de vendas levam à decisão de compra, mas logo em seguida o cliente é levado a um processo burocrático de pagamento, às vezes com longas filas.

Casos como a do Uber e da Amazon Go, em que o serviço é utilizado e não existe uma pausa na experiência para o pagamento, e até mesmo o uso de reconhecimento facial como instrumento de identificação na China mostram que, com o uso de tecnologia e a integração de dados, os meios de pagamento continuam presentes, mas passam a contribuir para o sucesso da experiência de compra e para uma melhor jornada de consumo. Cada vez mais, o Brasil e o mundo evoluem rumo a processos de compra altamente digitalizados e, ao mesmo tempo, simples e sem ruídos.

Outro movimento mundial que avança no sentido da simplificação da experiência de consumo é o *Buy now, pay later*. Como conceito, ele existe no Brasil há cinquenta anos, e o que faz esse modelo crescer em todo o mundo é a mesma coisa que leva o brasileiro ou o mexicano a comprar parcelado com juros: saber exatamente quanto vai pagar por mês, sem taxas surpresa e cobranças adicionais pouco transparentes.

Em um mundo mais e mais digitalizado, não existe espaço para a falta de transparência, e sobram oportunidades para desenvolver relacionamentos baseados em confiança. Quando a confiança do consumidor é conquistada, os negócios ganham permissão para interagir com mais intensidade, de forma personalizada.

As transformações que estamos vivenciando trazem uma grande complexidade para o ambiente de negócios. Afinal de contas, as empresas precisam avançar em suas iniciativas digitais ao mesmo tempo em que conservam os investimentos já feitos em infraestrutura e tecnologia. Especialmente em setores de grande capilaridade como o varejo, a decisão de adotar um novo meio de pagamento envolve treinar milhares de pessoas e implantar equipamentos ou substituir sistemas em dezenas, centenas ou milhares de lojas espalhadas pelo país.

Ao mesmo tempo, não é possível ignorar as mudanças, pois o cliente passa a ter uma gama enorme de opções à sua disposição. Com uma diversidade de meios de pagamento e de players no mercado, o consumidor irá escolher o que for mais conveniente para si naquele momento. O varejista que não estiver a postos simplesmente ficará para trás.

O desenvolvimento de novos meios de pagamento digital, o reconhecimento facial e as lojas *cashierless* (sem caixa para pagamento) não eliminam o uso de formatos mais tradicionais, como o cartão de crédito, mas a escolha passa a ser do cliente. Quanto mais o mercado for eficiente e criativo, oferecendo produtos equilibrados e justos que entreguem soluções ao consumidor e remunerem corretamente toda a cadeia de valor, melhor. E como o grande link entre o cliente e a marca, ou entre a indústria e o varejo, é o meio de pagamento, fica claro que o setor financeiro continuará a passar por intensas transformações.

O Brasil tem hoje um dos ecossistemas de meios de pagamento mais avançados do mundo e conta com um órgão regulador – o Banco Central – muito ativo, que instiga mudanças e evoluções no setor. Foi assim com o pioneirismo do país no uso do cartão com chip, foi com o Pix, está sendo com o Open Banking, será com a interoperabilidade e tudo mais que vier nos próximos anos. A única certeza é que, conforme o mercado amadurece, novas soluções são necessárias, e com elas tem-se um ciclo contínuo de inovação e ganho de eficiência.

Esses são temas que Bruno sempre provocou e instigou. O autor deste livro tem antecipado o futuro, provocado mudanças e feito com que tendências se transformem em práticas de mercado. Por isso, *A nova lógica financeira* tem um papel fundamental no processo de educação financeira e no fomento à vontade de romper com o *statu quo*. Em suma, *it's all about mindset*.

Estamos em um ponto de inflexão, a lógica dos negócios está mudando: não se trata apenas de novas tecnologias, e sim de um paradigma completamente diferente, que está centrado no cliente e focado em entregar soluções para problemas que podem ainda nem existir.

O papel de cada um que trabalha no setor financeiro é criar caminhos para que, de fato, a sociedade brasileira adote meios de pagamento digitais que sejam benéficos para toda a cadeia de valor. Essa criação de caminhos só acontece com inovação e com o desejo constante de fazer mais e melhor. Um espírito do qual nós, na Dock, estamos imbuídos e que tem guiado nossa evolução ao longo do tempo.

Nascemos como uma pequena processadora de cartões *private* label no varejo e hoje, após sucessivas evoluções e disrupções, nos tornamos uma empresa que oferece todas as ferramentas necessárias para que os negócios ofereçam meios de pagamento eficientes para os clientes, democratizando o uso de tecnologias financeiras. Essa evolução é muito poderosa, pois ninguém cresce sozinho: nosso crescimento depende do desenvolvimento de todo um ecossistema de negócios. Juntos, avançamos; sozinhos, desaparecemos.

É por isso que o convite de Bruno para escrever este prefácio me deixou honrado e muito feliz. Apoiar uma iniciativa tão importante quanto esta é contribuir para o crescimento do mercado brasileiro e para a criação de um ambiente de negócios cada vez mais justo, transparente e eficiente.

Em um momento importante como o atual, em que grandes transformações estão acontecendo em velocidade recorde, tenho certeza de que este livro será um divisor de águas para você, leitor. O que Bruno irá apresentar nas próximas páginas é um *roadmap* provocador que irá inspirar você a ver o mundo e o mercado sob uma nova perspectiva. Rumamos em direção a um novo paradigma e as discussões aqui colocadas fomentam as condições necessárias para você vislumbrar novos caminhos, ações e ideias fundamentais para acompanhar as mudanças profundas pelas quais estamos passando.

Boa leitura!

Antonio Soares – CEO da Dock

introdução

Desde que deixei o mercado financeiro tradicional e embarquei com tudo no mundo da inovação financeira, sinto como se tivesse entrado em uma autoestrada de alta velocidade. As diferentes transformações no setor passaram a acontecer em um ritmo acelerado como nunca visto na história, e acredito que o timing também me favoreceu, permitindo que eu acompanhasse de perto – e em tempo real – todas essas mudanças. Assim pude observar, apreciar e absorver os acontecimentos e a paisagem em uma fascinante viagem por essa autopista.

Nos últimos dez anos, tive a oportunidade de presenciar o início do fenômeno fintech. Pude organizar alguns dos primeiros debates sobre startups e inovação no mercado financeiro, acompanhar o surgimento de novas regulamentações no setor (e, em alguns casos, participar das discussões que originaram tais regras), auxiliar corporações e órgãos governamentais estrangeiros a compreender melhor os novos rumos do mercado, palestrar sobre essas transições nos principais fóruns nacionais e internacionais, conhecer líderes visionários que estão mudando a forma como lidamos com o dinheiro na era digital e também dividir minhas visões com diferentes veículos de mídia e com os meus alunos em cursos nos quais leciono.

Essa jornada me trouxe de uma era em que o mercado financeiro operava sob a mesma lógica por anos – um ambiente no qual as inovações levavam um certo tempo para se materializar – e me levou a uma realidade de intensas transformações que estão chacoalhando as estruturas tradicionais (trazendo novos competidores, modelos de negócio e possibilidades, até então, não vislumbradas). A jornada tem sido incrível e acredito que o melhor ainda está por vir, porém será necessária uma grande capacidade de adaptação por parte dos profissionais do mercado financeiro tradicional, bancos e empresas para poderem sobreviver e prosperarem neste novo contexto.

Antes de continuar essa narrativa e contar o que você pode esperar das próximas páginas, entendo que vale dar alguns passos para trás e contar também como cheguei até aqui. Sou Bruno Diniz e, enquanto escrevo este livro, tenho 36 anos, sendo que, em boa parte desse tempo, vivenciei muitas mudanças e transições pessoais e profissionais. Meu pai era funcionário do Banco do Brasil desde antes de eu nascer, e uma das principais implicações dessa carreira era o fato de termos de nos mudar – a cada dois anos em média – para uma cidade diferente do Brasil na qual houvesse a presença do banco. Por esse motivo, tive que desenvolver bastante minha capacidade de adaptação, visto que a cada biênio eu reiniciava a minha vida: nova cidade, novos amigos, nova escola, nova vizinhança... tudo novo.

No começo, sem dúvidas, não foi fácil. Imagine uma criança ou adolescente ter que abandonar tudo aquilo que entende como sua realidade, seu mundo, e embarcar em uma jornada rumo ao desconhecido em um curto espaço de tempo. Foi um total de onze cidades diferentes em um período de vinte anos. No início, foi realmente difícil compreender as razões desses movimentos.

Uma vez perguntei ao meu pai por que nos mudávamos tanto. Então ele simplesmente respondeu: "Filho, a gente faz isso para poder crescer". Na hora, confesso que fiquei desapontado, pois parecia que a ideia era apenas crescer na carreira. Contudo, com o passar do tempo, fui percebendo que esse "crescer" é muito mais; é evoluir, mudar a mentalidade, abrir novos caminhos, alçar novos voos. E foi assim que eu, desde pequeno, consegui entender que a única certeza que eu tinha era a de que as coisas iam mudar, sempre. Essa visão sobre a inevitabilidade da mudança, junto à necessidade de adaptação e evolução constantes, teve uma grande importância na minha vida, sobretudo trabalhando no mercado de inovação.

Quando deixei a casa dos meus pais e fui fazer faculdade de Comércio Exterior, levei na bagagem a inquietude e a agitação que me acompanhavam desde mais novo. Trabalhei em telemarketing, estagiei em duas multinacionais, fundei uma empresa júnior de comércio exterior na faculdade em que estudava, montei uma transportadora de café (e saí do negócio um tempo depois) e, por fim, entrei em um programa de formação de novos talentos da seguradora do Unibanco (acho que, de certa forma, o sangue bancário falou mais alto).

No banco, logo depois que entrei, passei por um processo de fusão que ocorreu com o Banco Itaú em 2008 e mudei de área. Saí da seguradora e passei para a área de consultoria de investimentos, na qual aconselhava clientes com grande patrimônio da região sul de Minas Gerais e dava palestras sobre investimentos para clientes e funcionários em diferentes cidades no meu raio de atuação. Depois de cerca de dois anos (novamente esse ciclo), fui demitido devido a um enxugamento do quadro, e minha vaga deixou de existir, sendo incorporada por um colega que dividia comigo a mesma regional.

A demissão não me abalou tanto quanto achei que abalaria; afinal, já estava habituado às mudanças. Voltei para a casa dos meus pais no interior de Minas Gerais e tracei a meta de trabalhar em um banco de investimentos em São Paulo, algo que consegui seis meses depois. O ano era 2011 e o banco se chamava BI&P. Naquele mesmo ano, soube de alguns eventos de startups que aconteciam semanalmente na cidade e passei a frequentá-los. Como sempre fui fanático por tecnologia, fiquei maravilhado em conhecer melhor o funcionamento dessas empresas e também a seus fundadores. Rapidamente, virei figurinha carimbada nesses eventos e comecei, inclusive, a dar mentorias sobre finanças para algumas startups.

Em 2013, fui trabalhar em outro banco, chamado Modal, e continuava a frequentar a cena de tecnologia na parte da noite. Naquele mesmo ano, li que, em outras partes do mundo – como Vale do Silício, Londres e Nova York –, o assunto do momento era falar sobre a verticalização do ambiente de startups, ou seja, agrupar essas empresas dentro de seus segmentos específicos, surgindo assim nomenclaturas como fintech (startups do setor financeiro), agtech (startups do setor agro), edtech (de educação) e assim por diante. Já conhecia algumas startups financeiras em São Paulo, mas elas ainda não se denominavam fintechs. Intrigado com isso, tirei férias e fui para os Estados Unidos entender melhor o movimento. Chegando lá, percebi que a tendência, invariavelmente, chegaria ao Brasil – e pensei que deveria fazer algo no sentido de iniciar tais conversas por aqui.

Em 2014, por indicação de amigos da cena de startups, conheci uma organização de Singapura que fazia eventos reunindo fintechs em diferentes partes do mundo. A organização tinha a finalidade de fomentar discussões dentro desse novo ecossistema. Falei com o representante da organização, que na época se chamava Next Bank (posteriormente rebatizada de Next Money), para representá-los no Brasil. Não seria remunerado para o trabalho, mas teria a possibilidade de me conectar com gente do mundo inteiro que estava nesse mercado e começaria a realizar, por aqui, discussões similares àquelas que encontrei quando cheguei a São Paulo em 2011. Por fim, em 2015, fui autorizado a abrir a unidade nacional da Next Money.

Nesse ponto, já não conseguia mais parar de pensar nas possibilidades que estavam sendo abertas mundo afora rumo ao

"CRESCER" É MUITO MAIS; É EVOLUIR, MUDAR A MENTALIDADE, ABRIR NOVOS CAMINHOS, ALÇAR NOVOS VOOS.

desenvolvimento de um novo mercado financeiro, bem como nas novas soluções e nos diversos inovadores que estavam surgindo com a clara missão de transformar um segmento que, por anos, manteve sua dinâmica quase inalterada. Mais do que nunca, eu queria me envolver profundamente nesse ambiente. Assim, passava todo o tempo vago lendo a respeito de inovação no mercado financeiro e tentava sempre puxar esse assunto nos almoços com colegas do banco em que trabalhava. Então passei a ter reuniões virtuais frequentes na parte da noite com outros representantes da Next Bank na Ásia e na Europa para saber mais sobre as novas fintechs que estavam surgindo e sobre os eventos que eles estavam organizando em seus países.

Naquele momento, comecei a desenhar o que seria o primeiro evento da Next Money no Brasil e buscava referências internacionais, além de me conectar com fundadores de fintechs locais e pesquisar qual seria o lugar ideal para realizar esse evento. Já imaginava que, no ritmo em que as coisas estavam indo, logo teria que tomar a decisão de deixar meu emprego para voltar toda a minha atenção a esse novo tema e não perder o timing de tudo o que estava acontecendo. Nas semanas seguintes, porém, vi essa decisão ser antecipada, pois fui demitido do banco e, dessa forma, pude me dedicar integralmente ao novo caminho.

Em meados de 2015, nasceu o primeiro evento de fintechs do país, batizado de Fintech Talks, que aconteceu na, então, sede da aceleradora Wayra (ligada à Telefônica/Vivo). De cara, tivemos mais de uma centena de participantes: profissionais de bancos, do governo, reguladores e fundadores de startups. Fiz a mediação de painéis de discussão sobre o tema com os fundadores de startups que hoje valem centenas de milhões de dólares, mas que estavam também começando naquele momento. Pude trocar vários cartões e acabei sendo convidado para ser o curador de conteúdo sobre fintech da primeira edição da São Paulo Tech Week –

festival de tecnologia criado nos moldes da London Tech Week, importante evento sediado na capital britânica. Esse convite, somado a pedidos de consultoria vindos de instituições financeiras que queriam saber mais sobre o que estava acontecendo nesse segmento, deu o impulso necessário para que eu avançasse ainda mais nesta direção e abrisse minha consultoria voltada à inovação no mercado financeiro.

De 2015 para cá, viajei para diferentes partes do mundo para palestrar sobre fintech e inovação no mercado financeiro, rodei edições de eventos da Next Bank no Brasil, dei consultoria para diferentes instituições financeiras e para os governos do Reino Unido, Canadá e Hong Kong. Pude, também, participar de momentos-chave envolvendo a transformação regulatória no setor financeiro no Brasil e ajudei a propagar conhecimento a respeito das inovações que estavam chegando ao mercado nos cursos em que lecionei e por meio de artigos que escrevi. Ainda me pego maravilhado por ter tido a oportunidade de vivenciar tudo isso, interagindo com pessoas brilhantes em momentos que já fazem parte da história do mercado financeiro nacional.

Ao longo da minha trajetória, vi grandes transformações acontecerem e vi também o mercado financeiro ter reduções em suas barreiras de entrada em uma velocidade recorde. Olhando para trás, percebemos que avanços tecnológicos, culturais e de ordem regulatória ajudaram a tornar esse caminho possível e acessível. Se antes era complexo, caro e demorado colocar um provedor de serviços financeiros digitais no ar, hoje é muito mais fácil (graças às diversas empresas que surgiram para ajudar nesse processo) e com custos e tempo de lançamento bem menores do que víamos há alguns anos. Essa maior facilidade de entrada no mercado nos trouxe as fintechs e agora estão trazendo também novos competidores de outros segmentos. São empresas de tecnologia, varejistas, empresas de telefonia, entre várias outras, que entenderam que também podem suprir as necessidades financeiras dos seus clientes, ofertando desde contas digitais até crédito e investimentos – soluções que, até pouco tempo atrás, eram ofertadas quase que exclusivamente pelos bancos.

Estamos diante de uma nova realidade que não se restringe apenas a bancos de um lado e fintechs do outro. <u>Estamos nos movendo para uma nova lógica financeira</u>, na qual uma boa camada dos serviços nesse mercado se comoditizaram, podendo ser ofertados por, potencialmente, qualquer empresa. Como consequência, tais empresas passam a ter mais uma linha de receita graças a essa possibilidade – além de expandir o relacionamento com os clientes, provendo respostas adicionais para suas diferentes demandas. É importante ressaltar que essa nova lógica traz imensos impactos para os consumidores, dando maior acesso a soluções que, por muito tempo, estiveram distantes do dia a dia de uma boa parcela da população.

As consequências da nova lógica financeira também atingem em cheio os profissionais que hoje atuam em bancos, corretoras e demais instituições tradicionais. Um novo perfil passará a ser demandado, e múltiplos caminhos de carreira serão abertos pelos novos competidores que agora ingressam nesse terreno de batalha. O próximo passo de um profissional do mercado financeiro poderá ser dado dentro de uma empresa de telefonia, por exemplo, em seu recém-criado braço de soluções financeiras – e isso se tornará mais comum do que você imagina.

Os bancos já estão sendo impactados e precisarão traçar estratégias que permitam agregar novas soluções digitais próprias, e de outras empresas, ao seu portfólio. Nesse caso, não estão incluídos apenas produtos financeiros, mas outras soluções diversas que possam facilitar a vida do cliente final. Dentro dessa nova lógica, as pessoas passarão a consumir soluções financeiras vendidas não só pelas plataformas bancárias; elas esperarão que as diferentes plataformas com as quais se relacionam – desde bancos a grandes empresas de tecnologia, por exemplo – agreguem e facilitem diversos aspectos da sua vida de maneira harmônica, fazendo ofertas proativas e personalizadas nos momentos certos. Os bancos de varejo precisarão ter uma atuação bem mais ampla do que têm hoje, tornando-se uma espécie de conselheiro digital que entende profundamente os interesses e preferências do cliente, estando presente nas mais diversas ocasiões de sua vida.

Esse cenário de mudanças se intensifica ainda mais quando conectado a conceitos e inovações que já fazem parte da vida do cliente (como o Pix) e outros que ainda são novos e se tornarão cada vez mais presentes ao longo do tempo (como Open Banking e Open Finance). Nas próximas páginas deste livro, exploraremos diferentes termos e as raízes dessa recente transformação pela qual o mercado está passando, apresentaremos casos concretos de como companhias no mundo todo estão aproveitando essas novas oportunidades e também apontaremos caminhos para que as instituições tradicionais e os profissionais que nelas trabalham possam acompanhar essas transições – e permaneçam relevantes no futuro.

Compilei neste livro informações, estudos de caso e exemplos que são frutos de anos de vivência, pesquisa e estudos na área; conteúdo este que o ajudará a compreender a nova lógica financeira. Isso fará com que você possa aproveitar a onda de possibilidades que estão sendo apresentadas neste momento, e também que seja capaz de evitar ser atingido pela arrebentação dessa mesma onda, caso não se posicione a tempo.

No mercado financeiro, nunca foi tão importante desenvolver a capacidade de adaptação frente às mudanças como está sendo nos tempos atuais. Os ciclos de mudanças estão ficando cada vez menores, e compreender como eles estão acontecendo será vital para que possamos crescer diante da nova lógica financeira que nos está sendo apresentada. Será um prazer poder conduzir você ao longo desta jornada, guiando e mostrando direções que permitam novos rumos para a sua carreira e os seus negócios.

Obrigado pela confiança e vamos juntos!

Bruno Diniz

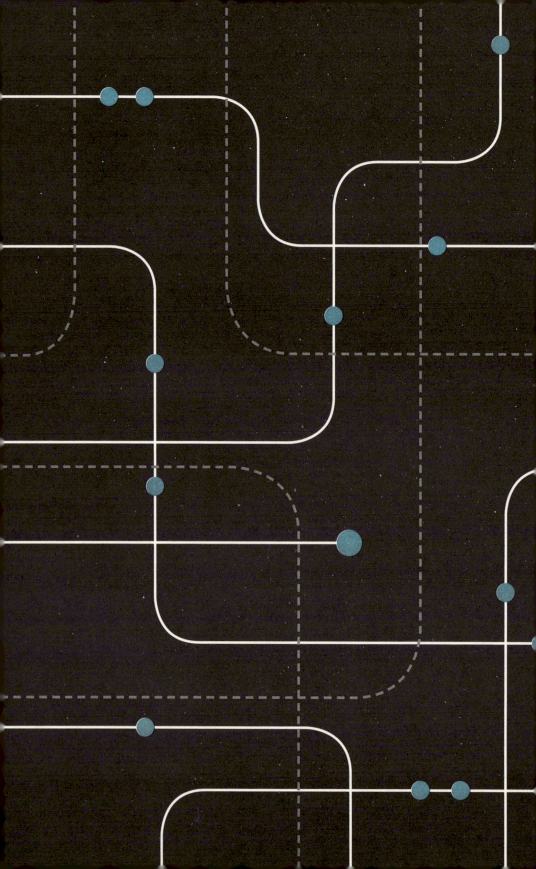

1

UM NOVO AMBIENTE FINANCEIRO

Os serviços financeiros nunca estiveram tão democratizados quanto nos dias de hoje. Apesar de ainda haver um número relevante de cidadãos que não dispõem de acesso adequado a produtos básicos para conduzir suas vidas financeiras – segundo dados do Instituto Locomotiva[1] levantados no início de 2021, 34 milhões de brasileiros não possuem contas bancárias ou as utilizam com pouca frequência –, é inegável a evolução que presenciamos nos últimos anos nesse quesito. Há poucas décadas, víamos um número limitado de provedores de serviços financeiros, e o terreno era praticamente dominado pelos bancos, que se limitavam à disponibilidade de suas agências físicas e possuíam processos burocráticos e demorados que geralmente afastavam uma parcela considerável da população. Olhando para trás, fica claro que esse era um reflexo de uma época passada que tinha nítidas limitações técnicas – ainda mais em comparação com a realidade que temos hoje – e altas barreiras de entrada.

Os avanços tecnológicos e a abertura regulatória promovida por entidades como o Banco Central do Brasil fomentaram a entrada de novos concorrentes e impulsionaram o fenômeno fintech, dando espaço para o surgimento de startups financeiras que redefiniram aspectos relacionados a eficiência, experiência do usuário e custos dos serviços. Algumas dessas empresas se tornaram gigantes – maiores até que alguns bancos – e atingem milhões de usuários todos os dias, como o Nubank, o PicPay, a Creditas, a Stone, a Open Co, a PagSeguro, entre outras.

---

[1] CARNEIRO, L. 34 milhões de brasileiros ainda não têm acesso a bancos no país. **Valor Investe**. 27 abr. 2021. Disponível em: https://valorinveste.globo.com/produtos/servicos-financeiros/noticia/2021/04/27/34-milhoes-de-brasileiros-ainda-nao-tem-acesso-a-bancos-no-pais.ghtml. Acesso em: 18 ago. 2021.

Com o tempo, a redução dos custos de tecnologia, aliada a esse grande processo de abertura do mercado, acabou atraindo também outros competidores além das fintechs. Assim, passamos a ver empresas de setores como varejo, telecomunicações e tecnologia dando as caras com suas próprias iniciativas, todas almejando seu pedaço em um novo – e altamente competitivo – mercado financeiro.

Por consequência, já não tínhamos mais um cenário no qual víamos os bancos de um lado e as fintechs do outro. Avistamos, então, um campo de batalha mais complexo que passava a acomodar também empresas de diferentes setores, munidas com a capacidade de fazer ofertas financeiras digitais a uma base própria e já estabelecida de clientes.

Essa reconfiguração do mercado traz novos e interessantes elementos à mesa, gerando diversos benefícios para os consumidores. Por outro lado, cria também oportunidades e desafios inéditos para empresas, bancos e profissionais do mercado financeiro. Todo esse contexto se soma a outras inovações como o Pix, o Open Banking e os Sandboxes Regulatórios em uma transformação, sem precedentes, do ambiente financeiro. Acredite, uma nova lógica está sendo desenhada no mercado e mostrarei a você ao longo deste livro como entender os principais fatores, os múltiplos impactos na sociedade e as formas para tirar melhor proveito dela.

A GRANDE TRANSFORMAÇÃO DO MERCADO

O salto tecnológico ocorrido nas três últimas décadas, sobretudo relacionado às inovações que abriram caminho para a construção de modelos de negócios digitais, foi extremamente importante no processo de transformação do mercado financeiro. Desde a introdução das primeiras redes de telefonia móvel, passando pelo surgimento dos provedores de acesso à internet, o desenvolvimento dos smartphones, a aplicação da inteligência artificial e do aprendizado de máquina (*machine learning*), entre outros, percebemos que cada novo elemento representou mais um passo que se combina aos anteriores de maneira inovadora, desbloqueando novas possibilidades que trazem mais eficiência e oportunidades de criação de soluções inéditas para o consumidor. No gráfico a seguir, que tem como base um estudo realizado pela consultoria EY,[2] temos o exemplo de alguns desses marcos tecnológicos que ocorreram ao longo do tempo.

---

2 A DIGITAL story... Do you know what it is? Australia - Korea Business Council Technology Trends & Fintech Overview 2 October 2015. 2015. Vídeo (8min30s). Disponível em: https://slideplayer.com/slide/8465738/. Acesso em: 6 set. 2021.

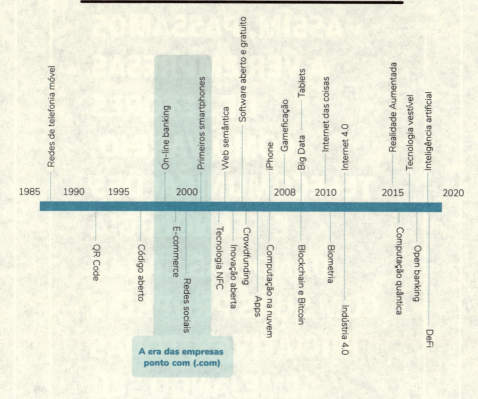

A popularização de tecnologias disruptivas geram contexto para mudanças e inovação

É importante ressaltar que a tecnologia é um meio e não um fim, e acaba por servir como um viabilizador para que seja tecnicamente possível a resolução dos problemas enfrentados pelo consumidor, sendo esse o principal objetivo. Uma vez atingido esse propósito, temos um caminho para a

ASSIM, PASSAMOS A VER EMPRESAS DE SETORES COMO VAREJO, TELECOMUNICAÇÕES E TECNOLOGIA DANDO AS CARAS COM SUAS PRÓPRIAS INICIATIVAS, TODAS ALMEJANDO SEU PEDAÇO EM UM NOVO – E ALTAMENTE COMPETITIVO – MERCADO FINANCEIRO.

consolidação de um negócio que gera valor para a sociedade e remunera seus acionistas.

Apesar do aspecto tecnológico ser um importante elemento para a inovação no mercado financeiro, ele, por si só, não garante que as mudanças aconteçam. Isso porque o setor é um dos mais regulados da economia, e, se a regulamentação não permitir a existência de um novo modelo de negócio (mesmo que haja tecnologia para tal), ele não pode ser lançado no mercado. Assim é crucial, para continuarmos vendo avanços nessa frente, o desenvolvimento de um ambiente regulatório que crie condições para o nascimento de vias alternativas para a solução dos problemas dos cidadãos, ao mesmo tempo que proteja o mercado e as pessoas de eventuais riscos que ponham em xeque a segurança do sistema financeiro que temos hoje.

Observamos progressos na frente regulatória em várias partes do mundo, sendo que cada país imprime um ritmo próprio na implementação das mudanças que julgam necessárias para a modernização do sistema financeiro local. No Brasil, os reguladores têm feito grandes progressos nesse sentido, criando normas e mecanismos que tornaram possível a existência das instituições de pagamento, das plataformas de *equity crowdfunding*, das plataformas de crédito digital, do sistema de pagamentos instantâneos (Pix), do Open Banking (também conhecido como Open Finance ou Sistema Financeiro Aberto) e dos Sandboxes Regulatórios. Vale ressaltar que cada um desses temas será revisitado no capítulo 4 deste livro, então fique tranquilo caso não saiba o que algum deles significa.

Assim podemos dizer que todas essas iniciativas acabam por representar vários blocos de regras que se conectam e expandem o mercado financeiro, trazendo novos competidores para essa arena e gerando um maior nível de competição. Isso nos leva a uma redução de custos no sistema (tanto para os participantes quanto para os consumidores), uma maior diversidade de produtos e serviços e o aumento da qualidade destes.

A combinação do progresso tecnológico e regulatório impulsionou não só os provedores de soluções alternativas para pessoas e empresas, como as fintechs, mas também os fornecedores de serviços que dominam esses dois componentes e que conseguem oferecer um atalho para que empresas (sejam elas pertencentes ao mercado financeiro ou não) consigam participar desse jogo de uma forma mais rápida, fácil e barata. Esses fornecedores são peças importantes na nova lógica financeira, tornando-se a base para o movimento das "finanças embutidas",[3] algo que está transformando o mercado e subvertendo a velha lógica na qual contávamos, quase que exclusivamente, com os bancos para solucionar nossas necessidades financeiras.

Alguns especialistas são defensores da ideia de que, em um futuro não muito distante, quase todas as empresas obterão uma parte significativa de sua receita advinda de serviços financeiros. Isso acontecerá à medida que acelerarmos o passo rumo a essa nova lógica, algo que vai mudar fundamentalmente o setor bancário como o conhecemos e consolidará um novo capítulo na história do mercado financeiro mundial, o que impactará a sociedade de diferentes formas que ainda não conseguimos mensurar totalmente.

Assim, com as vastas oportunidades de levar acesso a uma base cada vez maior de consumidores – o que criará ainda mais valor para o negócio ao longo do processo –, desafios nunca antes enfrentados surgirão, principalmente para quem está envolvido de modo direto com o mercado financeiro tradicional, como os bancos e os profissionais ligados a essas instituições. Existem múltiplas incertezas, mas

---

[3] Conhecido internacionalmente como embedded finance, termo dado à possibilidade de empresas prestarem serviços financeiros – o que será detalhado nos próximos capítulos.

fique tranquilo! Os aspectos referentes a essas transformações serão mais bem explorados nos próximos capítulos deste livro, o que o ajudará a compreender e se preparar para esse novo contexto.

AS NOVAS RELAÇÕES DE CONSUMO

É importante analisar o fenômeno da nova lógica financeira também sob a ótica do consumidor. Para tal, teremos como pano de fundo suas percepções, expectativas e experiências dentro de um contexto digital já bastante presente em seu dia a dia, contexto esse que vem impactando múltiplas jornadas do consumo de soluções, que vão além das financeiras, em diferentes momentos da sua vida.

Para tornar mais claro esse conceito, vale lembrar como alguns provedores de serviços digitais mudaram completamente nossa perspectiva de entrega de serviços de forma geral, elevando a barra atual da experiência do usuário e nos fazendo comparar diferentes segmentos. Imagino que após consumir com frequência os serviços de empresas como Netflix e Spotify você passou a ter uma outra visão de como a recomendação de serviços baseada em preferências deveria ser feita, certo? Talvez você tenha até ido mais longe, questionando por que o banco com o qual você trabalha nunca fez uma recomendação de serviços levando em conta o seu comportamento, assim como nas sugestões de músicas novas feitas pelo Spotify que o fizeram descobrir aquela banda incrível, ou o contexto no qual você se encontra, similar a quando a Netflix lhe pergunta se você ainda está assistindo à TV, após entender que você pode estar dormindo ou não estar mais prestando atenção, para que você não perca momentos importantes da série ou do filme.

> **O cliente de hoje é muito mais exigente do que antigamente, e não é porque compara provedores de serviços somente dentro do contexto de um mesmo setor. Se ele acreditar que alguns elementos da experiência do usuário ou que as facilidades na jornada de consumo ofertadas por companhias inovadoras nos setores de entretenimento, mobilidade ou hospedagem, por exemplo, são superiores àquelas oferecidas pelas instituições do mercado financeiro, ele vai perceber e questionar.**

As expectativas ficaram elevadas. Passamos a ver a necessidade de consumir produtos e soluções em tempo real, e de forma invisível dentro da jornada, sem interrupções. Isso, do ponto de vista do consumidor, é bom para que haja fluidez na ação que ele quer executar e, do lado das empresas, é necessário para que elas capturem o impulso de compra no momento em que ele ocorre, o famoso timing, melhorando, assim, a conversão das vendas.

A busca por conveniência e praticidade, que são pilares importantes da nova lógica financeira, tornou-se inerente ao processo de utilização de um serviço ou compra de um produto. Olhando para alguns casos bem-sucedidos de serviços financeiros embutidos dentro do processo de utilização de uma solução, podemos citar o caso dos pagamentos invisíveis introduzidos pela Uber. O fato de não precisarmos realizar nenhuma ação consciente de pagamentos ao fim de uma corrida é uma grande evolução em comparação ao modo como costumávamos interagir com provedores de serviços no setor de mobilidade, tornando-se uma funcionalidade que acabou sendo copiada por empresas dos mais diversos segmentos.

> **Ao ter soluções financeiras embutidas em sua jornada, o consumidor fica menos propenso a abandonar a compra no site ou aplicativo de uma empresa. Desse modo, ele pode se beneficiar de uma maneira mais fácil de fazer transações e, também, ser capaz de consumir outras soluções como crédito ou seguros combinados ao ato, sem fricção no processo.**

Durante muito tempo, foi necessário um banco no meio do processo para cobrir a lacuna da oferta financeira, o que causava uma interrupção na jornada. Hoje, temos diferentes provedores de soluções que conseguem se integrar às empresas para viabilizar uma experiência fluida. Essa possibilidade afeta diretamente as instituições tradicionais, como os bancos. Mais adiante, exploraremos com mais detalhes as formas como essas instituições podem navegar melhor dentro desse novo cenário das relações de consumo.

A BUSCA POR CONVENIÊNCIA E PRATICIDADE, QUE SÃO PILARES IMPORTANTES DA NOVA LÓGICA FINANCEIRA, TORNOU-SE INERENTE AO PROCESSO DE UTILIZAÇÃO DE UM SERVIÇO OU COMPRA DE UM PRODUTO.

CASE – STARBUCKS

A Starbucks, rede norte-americana de cafeterias, fez um movimento agressivo no terreno dos pagamentos móveis em 2011, quando lançou a carteira digital. Ao longo dos anos, a solução incorporou múltiplas funções e se tornou uma plataforma completa de serviços, permitindo que os clientes não só pagassem de uma forma mais rápida mas também tivessem acesso a um programa exclusivo de fidelidade, no qual é possível trocar pontos por alguns itens e mimos nas lojas físicas, e pudessem realizar pedidos on-line com retirada na loja de sua preferência, evitando filas.

Esses recursos se tornaram muito populares entre os clientes, representando, em 2013, 10% das transações realizadas nas lojas dos Estados Unidos, passando para 17% no começo de 2020 e 24% no final do mesmo ano. A ascensão da solução foi tão incrível que, em 2018, a empresa de pesquisa de mercado eMarketer [4] mostrou que o aplicativo da Starbucks era o método de pagamento móvel pessoal mais popular no país, com 23 milhões de pessoas nos Estados Unidos utilizando-o em, pelo menos, uma compra a cada seis meses. Isso fez com que essa solução ultrapassasse, na época, até mesmo opções de pagamento móveis

---

[4] CAMPBELL, I. C. Starbucks says nearly a quarter of all US retail orders are placed from a phone: The coffee giant's mobile dominance grows. **The Verge**. Disponível em: https://www.theverge.com/2020/10/30/21540908/starbucks-app-q4-earnings-mobile-payments. Acesso em: 18 ago. 2021.

> de gigantes do mundo da tecnologia, como o Google Pay e o Apple Pay.
>
> Além de trazer uma experiência única para os clientes, combinando elementos do ambiente digital e do mundo físico, com as facilidades proporcionadas em sua rede de lojas, a Starbucks foi capaz de cortar intermediários financeiros, aumentando assim sua margem nas transações realizadas através da própria plataforma. O elemento de recorrência gerado pelo programa de fidelidade acaba retroalimentando o ciclo, fazendo com que o cliente seja estimulado a utilizar esse meio para garantir benefícios e ter a conveniência do pedido on-line, otimizando seu tempo nas lojas.

OLHANDO PARA O FUTURO

Como pudemos ver, o mercado atual dispõe de recursos que já estão sendo utilizados por diferentes empresas para mudar a forma como se relacionam com os seus consumidores e para trazer receitas adicionais que antes ficavam nas mãos de intermediários financeiros – que, até então, desempenhavam tais atividades de forma exclusiva havia anos.

Estamos sendo conduzidos para um cenário totalmente novo, um terreno ainda não conhecido que deve impactar a estrutura do mercado como o conhecemos. Olhando para a frente, sinto uma sensação semelhante à que senti no começo da era dos serviços financeiros digitais e no surgimento do fenômeno fintech. Era claro que estávamos vendo uma acelerada digitalização e simplificação de vários elementos que foram, por anos, praticamente imutáveis na nossa vida financeira, época na qual tínhamos um baixo foco no usuário e uma grande dependência do meio físico. Sabíamos que ainda avançaríamos muito a partir dali, mas não tínhamos certeza para onde essa jornada acabaria nos levando, como ela mexeria com o mercado e quão profundamente nos afetaria. Passada essa primeira onda, fica claro que todas as mudanças já encontraram forças no mercado financeiro, fazendo surgir fintechs gigantes que estão desafiando as instituições tradicionais.

A próxima onda criada pela nova lógica financeira traz, de imediato, para o tabuleiro, grandes empresas, já consolidadas, que devem colidir com os bancos e com as fintechs na disputa por clientes em determinados nichos e também por profissionais para atuar nessas frentes. Adiante, detalharei alguns elementos que já podem ser visualizados nesse novo jogo: as oportunidades, os desafios e as dores que deverão ser enfrentados por cada um dos participantes envolvidos.

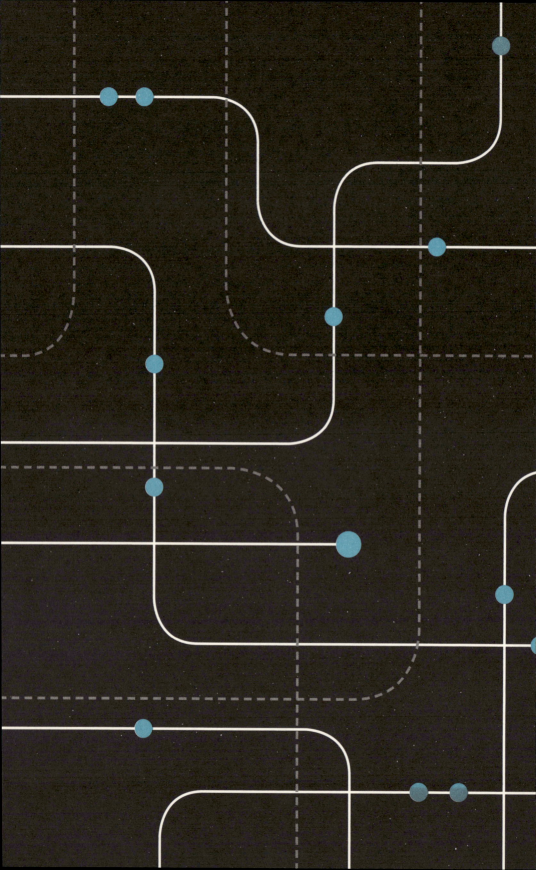

2

OS IMPACTOS DA NOVA LÓGICA FINANCEIRA NO MERCADO E NA SOCIEDADE

As mudanças na forma como produtos e serviços financeiros são criados, distribuídos e consumidos acabam por gerar consequências que atingem não só os consumidores mas também <u>as instituições financeiras tradicionais, as empresas</u> (que agora passam a fazer parte desse contexto) <u>e os profissionais</u> que atuam (ou que venham a atuar) nesse mercado.

Seja qual for o grupo no qual você se enquadra, tenha em mente que existem importantes desafios a serem superados em cada um deles. Tais desafios vão exigir ajustes imprescindíveis na estratégia, na forma de atuação e na maneira como esses diferentes agentes passam a se relacionar e interagir de certo ponto em diante.

Olhando para os bancos e outras entidades tradicionais do mercado, essa é uma questão de sobrevivência em um ambiente extremamente competitivo, onde novos entrantes, com os mais diversos perfis, entram em cena, e no qual prover respostas apenas para as dores financeiras de uma pessoa ou empresa talvez não seja mais suficiente.

No contexto das empresas, vemos uma chance única de aumentar as receitas com soluções que vão além daquelas que seriam tipicamente esperadas dentro de seus setores de atuação, e isso se traduz em oportunidades adicionais para estarem mais próximas do cliente em diferentes momentos da vida. O desafio, aqui, está na construção de um modelo de oferta de serviços financeiros que faça sentido para o público com o qual a companhia se relaciona e que, idealmente, se encaixe dentro das jornadas que esse cliente percorre para o consumo de suas soluções (e é aí que podem estar as oportunidades mais óbvias e os resultados mais tangíveis). Além disso, há o desafio de analisar os cenários de retorno sobre o investimento realizado para implementar essa estratégia, bem como encontrar os fornecedores e parceiros ideais que ajudarão nesse processo.

Pensando nos profissionais que fazem parte dessa realidade, podemos imaginar o quanto essas transformações podem parecer assustadoras em um primeiro momento. É comum vermos muitas pessoas que se sentem confusas e perdidas em meio a um turbilhão de mudanças, sem saber como as diferentes inovações afetarão sua vida e seu emprego em um futuro próximo. Há também a dificuldade que elas têm de entender quais oportunidades se abrirão nesse contexto, como identificá-las, como aproveitá-las e como se adaptar a elas. É inegável que, daqui por diante, um novo conjunto de habilidades será exigido dos profissionais que desejem atuar nesse recente momento do mercado financeiro, seja nos bancos, seja nas fintechs, seja nas empresas que agora estão atuando sob a nova lógica.

Exploraremos a seguir os principais pontos de atenção que devem ser considerados pelos participantes dessa recém-apresentada realidade, bem como os exemplos de quem já está tomando atitudes para acelerar sua transição.

OS NOVOS DESAFIOS PARA OS BANCOS

Apesar de estarem investindo constantemente em tecnologia e transformando seus processos internos para obter maior eficiência em suas operações, as instituições financeiras não escaparam ilesas dos efeitos gerados pelas mudanças no cenário competitivo, no comportamento do cliente e na forma de fazer negócios em um ambiente cada vez mais desmaterializado. Tudo isso ficou mais intenso nas últimas duas décadas, exigindo ajustes de rota e respostas cada vez mais rápidas.

É importante considerarmos que, por anos, os bancos acompanharam os avanços tecnológicos e obtiveram bons resultados advindos da redução de custos e do aumento na agilidade das transações. Contudo, o foco excessivo nos elementos técnicos internos e no desenvolvimento orientado ao produto (muitas vezes imposto aos consumidores que não possuíam alternativas suficientes) acabou fazendo com que se olhasse pouco para fora, levando a uma perda de foco e distanciamento da principal figura dessa relação comercial: o cliente. Isso também contribuiu para a abertura de espaço, surgimento e desenvolvimento dos novos atores no mercado: as fintechs e outros provedores alternativos de serviços financeiros.

Para acompanharem esse turbilhão de mudanças, as instituições entenderam que era necessário reagir ao cenário. Assim, a famosa "transformação digital" se tornou palavra de ordem para bancos em todo o mundo. O termo, no entanto, vai muito além do ato de digitalizar sistemas e de usar a tecnologia para melhorar o desempenho (como pode parecer em uma interpretação superficial). É, fundamentalmente, uma verdadeira mudança cultural, na qual a companhia passa a operar de forma adaptativa, em um ambiente altamente dinâmico, sem perder o foco em seu cliente. Assim, tornar-se mais flexível em uma operação e ter a capacidade de fornecer respostas rápidas aos anseios do consumidor — com quem interage cada vez mais no meio digital extraindo insights e feedbacks baseados em dados — passa a ser primordial para essas entidades.

Entre os desafios que as grandes organizações bancárias tradicionais precisam superar, não podemos nos esquecer da pesada estrutura física (que inclui uma extensa rede de agências) e dos antigos sistemas legados (tecnologias antigas mantidas pelos bancos) que são usados, até hoje, para rodar uma boa parte das operações dessas instituições. Reduzir a estrutura física e substituir os sistemas legados são tarefas que já estão sendo realizadas pelos bancos, mas que, definitivamente, não serão concluídas da noite para o dia. Para efeitos de comparação, é como esperar que navios transatlânticos realizem manobras rápidas de mudança de curso. Em contraste a isso, vemos novos entrantes (como as fintechs e as empresas que agora passam a ofertar serviços financeiros digitais) se movimentando como lanchas construídas com material moderno, casco bem mais leve, e que são capazes de corrigir rotas rapidamente para chegar ao destino.

Desse modo, os elementos estruturais que citei acima acabam sendo incorporados ao custo dos serviços oferecidos pelo banco: financiamento, cheque especial e demais produtos ofertados. No final das contas, o cliente acaba pagando a mais por isso, o que o faz considerar as alternativas que estão sendo colocadas na mesa pelos novos competidores. Segundo dados[5] da consultoria alemã Roland Berger, divulgados em março de 2021, os cinco maiores bancos precisarão enxugar 30% de sua rede de agências físicas em, no máximo, três anos para manter a rentabilidade em níveis similares aos que vemos nos dias de hoje. Isso representaria o fechamento de aproximadamente 5 mil agências, de um total de 16.704, somadas as unidades do Banco do Brasil, Bradesco, Itaú-Unibanco, Santander Brasil e Caixa Econômica Federal, número informado pelo Banco Central em fevereiro de 2021.

Para se ter uma ideia, apenas em 2020[6] foram fechadas 1.692 agências, e eliminados 10.832 postos de trabalho, o que mostra que o processo já vem acontecendo e tende a se intensificar daqui para a frente. Além disso, os espaços físicos que permanecerem ativos deverão se transformar em lugares que incorporem, cada vez mais, novas experiências, partindo desde treinamentos para clientes, em salas próprias de eventos, até cafeterias abertas ao público e com um atendimento com características que mais lembrem uma consultoria do que a velha interação bancária. Extrapolar o uso das agências para entregar soluções variadas também está na pauta dos bancos, como no caso do Santander,[7] que pas-

---

[5] BRONZATI, A; ROCHA, A. I. Bancos terão de fechar 30% das agências em até 3 anos para manter rentabilidade, diz estudo. **Estadão**. https://economia.estadao.com.br/noticias/geral,bancos-terao-de-fechar-30-das-agencias-em-ate-3-anos-para-manter-rentabilidade-diz-estudo,70003643809#. Acesso em: 19 ago. 2021.

[6] PINHO, M. Bancos fecham 1.700 agências e 5.000 caixas eletrônicos em 2020. **R7**. Disponível em: https://noticias.r7.com/economia/bancos-fecham-1700-agencias-e-5000-caixas-eletronicos-em-2020-19022021. Acesso em: 19 ago. 2021.

[7] GOULART, J. Santander vai usar estacionamentos de agência para venda de veículos. **Veja**. Disponível em: https://veja.abril.com.br/blog/radar-economico/santander-vai-usar-estacionamentos-de-agencia-para-venda-de-veiculos/. Acesso em: 7 set. 2021.

sou a utilizar os estacionamentos desses locais para serviços de compra e venda de veículos (em sinergia com outra empresa do grupo, a Webmotors), contando também com uma área de convivência com alternativas para alimentação e mobilidade.

Sabemos que o Brasil é um dos países onde os bancos possuem os maiores níveis de lucratividade no mundo. Acontece que, a longo prazo, a tendência já aponta para uma redução à medida que o cenário local se modifica, algo que já observamos em outros países nos quais as margens dos bancos sempre foram menores do que as que vemos por aqui (e que seguem reduzindo ao longo do tempo). Como pudemos ver, esse é um cenário complexo que envolve aprender as regras de um novo jogo que está se desenhando no mercado financeiro. Sob o ponto de vista da nova lógica, algumas instituições têm encontrado outros caminhos complementares que envolvem a expansão de sua atuação para além dos serviços financeiros. Nesses caminhos, podemos encontrar desde marketplaces (espaços virtuais para compra e venda de produtos e serviços), serviços de mobilidade, sistemas de gestão integrados para empresas, entre vários outros.

> **Estamos entrando em uma realidade na qual as empresas de diferentes setores ofertarão produtos de bancos e estes, por sua vez, precisarão responder trazendo soluções que até então se encontravam fora dos limites do mercado financeiro.**

É INEGÁVEL QUE, DAQUI POR DIANTE, UM NOVO CONJUNTO DE HABILIDADES SERÁ EXIGIDO DOS PROFISSIONAIS QUE DESEJEM ATUAR NESSE RECENTE MOMENTO DO MERCADO FINANCEIRO, SEJA NOS BANCOS, SEJA NAS FINTECHS, SEJA NAS EMPRESAS QUE AGORA ESTÃO ATUANDO SOB A NOVA LÓGICA.

As estratégias específicas que podem ser exploradas pelas instituições financeiras tradicionais, diante dos desafios que temos pela frente, serão detalhadas no capítulo 7 deste livro. A seguir, veremos o caso de um banco nacional que tem se transformado rapidamente e vem conquistando um espaço cada vez maior no dia a dia dos seus clientes.

CASE – INTER

Algumas instituições estão, cada uma ao seu modo, agindo para se adaptar ao cenário imposto pela nova lógica financeira. Entre os diferentes casos, contudo, vale destacar o Inter, instituição sediada em Minas Gerais que correu por fora na disputa entre os bancos de médio porte, reinventando-se em pouquíssimo tempo. Foram dois os atos mais importantes que valem o destaque: o primeiro, quando se tornou um banco digital; e o seguinte, ao se posicionar não mais como "apenas" um banco, mas uma ampla plataforma de soluções com o objetivo de simplificar o dia a dia dos clientes.

A instituição nasceu em 1994 como uma financeira ligada ao grupo MRV Engenharia, tradicional construtora com sede na cidade de Belo Horizonte. Naquela época, se chamava Intermedium Financeira, mas, com o tempo, tornou-se banco, adotando o nome Banco Intermedium. Durante um bom tempo, o banco atuava de modo mais restrito e focado em operações que envolviam crédito para o segmento imobiliário (negócio que tem total sinergia com a MRV Engenharia). Contudo, o presidente da instituição, João Vitor Menin, pouco tempo depois de assumir o cargo, decidiu lançar a conta digital do Banco Intermedium, marcando a estreia no segmento de *neobanks* no final de 2015. Já no ano de 2017, a instituição mudou o nome para Banco Inter, realizando um processo de *rebranding* para se atualizar frente aos demais *neobanks* concorrentes que operavam no país.

Os anos que seguiram marcaram uma transformação ainda mais acelerada, onde presenciamos, em 2018, sua abertura de capital (IPO) na B3, seguida de duas ofertas subsequentes de ações (*follow-on*) em 2019 e em 2020, nas quais foi captado mais de 1,2 bilhão de reais em cada uma e que atraiu, como acionista, o Softbank, um dos maiores investidores de capital de risco do mundo. Por volta dessa época, o Banco Inter entrou em novos mercados ao lançar o Inter Shop (marketplace de produtos diversos, no qual o cliente recebe de volta um percentual do dinheiro gasto, processo chamado *cashback*), a Inter Cel (operadora de planos de telefonia móvel) e a Inter Delivery (serviço de entrega de alimentos).

Em 2021, a organização decidiu retirar a palavra "Banco" do nome, passando a ser chamada apenas de Inter e se posicionando como uma plataforma completa de serviços que simplifica a vida das pessoas. Para alguns, essa mudança de nome pode não parecer relevante, no entanto, diz muito sobre a visão que a instituição tem de si mesma, de seus planos e da forma como deseja ser vista daqui para a frente.

AS NOVAS POSSIBILIDADES PARA AS EMPRESAS

Por muito tempo, a entrada de empresas no mercado financeiro, como prestadores de serviços, era algo bastante complexo e caro. Como já citamos, existem razões tanto regulatórias quanto tecnológicas e estruturais que dificultavam essa possibilidade, o que fazia com que o movimento não compensasse para a maioria das companhias. Contudo, havia exemplos de algumas que apresentavam resultados bem interessantes em muitos casos.

No Brasil, algumas grandes empresas distribuem produtos financeiros há anos, como é o caso dos crediários (modalidade de financiamento para compra de bens e serviços), dos seguros garantia (aquelas garantias estendidas oferecidas na aquisição de um bem) e dos cartões de crédito ofertados por companhias como as varejistas, por exemplo (acertou quem pensou nas Casas Bahia, Lojas Marisa, Magazine Luiza, entre várias outras). Para viabilizar essas operações, as empresas mantiveram, por anos, parcerias com outras instituições financeiras ou desenvolveram as próprias estruturas. Com o tempo, algumas organizações resolveram ir além das alternativas de crédito e seguro, desenvolvendo também contas digitais e outros produtos financeiros que se integram aos seus ecossistemas de soluções. Essa inovação faz parte de um novo momento dentro da nova lógica financeira, só que agora não está restrito apenas a um seleto grupo corporativo ou a poucos setores, como era antigamente. O ato de as empresas incorporarem tais soluções em sua esteira de produtos tem sido chamado, mundo afora, de embedded finance que, em português, se traduz para "finanças embutidas".

E por que uma empresa se interessaria em seguir esse caminho de "embutir" ofertas financeiras em meio aos seus demais serviços prestados?

- **Primeiro**, pois há a possibilidade de se criar mais uma linha de faturamento no negócio, o que, por si só, já é um argumento bastante interessante para os acionistas.
- **Segundo**, porque é mais uma oportunidade de reter e fidelizar o cliente, dando mais respostas às suas necessidades e evitando que ele busque alternativas externas para dores que poderiam ser solucionadas pela própria empresa (como no caso de empréstimos para estudantes ofertados por companhias educacionais).
- **Terceiro**, para capturar mais valor de relacionamento com o cliente a longo prazo, aumentando o chamado *lifetime value*, nome dado ao valor que cada cliente gasta com a empresa durante o período em que ele se relaciona com ela.

O conceito de embedded finance pode ser bem explorado por algumas startups que, apesar de gerarem valor para os consumidores, ainda não acharam uma rota clara para sua monetização. Alguns exemplos de startups que, no início, não sabiam como monetizar sua operação incluem o Facebook e o Twitter, por exemplo. Se elas tivessem sido criadas nos tempos atuais, talvez teriam lançado mão das finanças embutidas bem cedo em sua história, como já está se tornando comum entre as startups mais novas.

Nem todas as companhias estão cientes das oportunidades descritas acima e, por vezes, não sabem como começar a ofertar soluções financeiras, nem a quem procurar para ajudá-las nessa tarefa. Felizmente, temos, hoje, agentes especializados nessa atuação, viabilizando a atividade de novos entrantes no mercado por meio de infraestrutura tecnológica e regulatória. Do ponto de vista do custo-benefício para quem quer começar nesse terreno, essa pode ser a alternativa mais interessante, e também um grande atalho. Esses agentes atuam em um mercado chamado de Banking as a Service (BaaS), ou "banco como um serviço" na tradução para o português. Ou seja, tais provedores de serviço permitem que seus clientes (que são as companhias) se "pluguem" a toda estrutura já desenvolvida por eles e possam, rapidamente, ofertar serviços, até então, tipicamente bancários. Tudo isso sem que as empresas precisem desenvolver tecnologia do zero ou dar entrada em algum tipo de licença específica do mercado financeiro.

Nos capítulos 5 e 6, abordaremos o tema com maior profundidade e também falaremos das diversas maneiras que organizações, de diferentes portes e setores ao redor do mundo, estão trabalhando para tornar possível suas ofertas financeiras dentro dessa nova lógica.

CASE – MAGAZINE LUIZA

Se tem uma empresa que se tornou símbolo de transformação digital bem-sucedida no Brasil é o Magazine Luiza. Fundada na cidade de Franca, interior de São Paulo, no ano de 1957, a companhia se expandiu com a abertura de mais de 1.100 lojas, em 21 estados do país, e abriu seu capital na bolsa de valores brasileira em 2011. Já em 2015, a organização vivia um dos seus piores momentos, encontrando-se bastante endividada e com valor de mercado abaixo dos R$ 200 milhões. Na época, a consultoria Galeazzi[8] (especializada em reestruturação de empresas) foi contratada para enxugar custos e colocar a casa em ordem. Porém, foi a partir de 2016, com o início da gestão de Frederico Trajano, que passamos a ver uma virada de chave e uma grande aceleração nas iniciativas digitais, seguidas de resultados espetaculares! Para se ter uma ideia, o valor de mercado do Magazine Luiza atingiu a surpreendente marca de R$ 176,8 bilhões[9] no dia 15 de julho de 2021, data em que realizou a aquisição

---

[8] SCARAMUZZO, M. Sob gestão de herdeiro, valor de mercado do Magazine Luiza tem forte crescimento. **Estadão**, 5 set. 2017. Disponível em: https://economia.estadao.com.br/noticias/negocios,sob-gestao-de-herdeiro-valor-de-mercado-do-magazine-luiza-cresce-mais-de-30-vezes,70001968004#. Acesso em: 21 ago. 2021.

[9] APÓS compra do Kabum, Magazine Luiza ganha R$ 16,5 bilhões em valor de mercado. **G1**. 15 jul. 2021. Disponível em: https://g1.globo.com/economia/noticia/2021/07/15/apos-compra-do-kabum-magazine-luiza-ganha-r-165-bilhoes-em-valor-de-mercado.ghtml. Acesso em: 21 ago. 2021.

do KaBuM!, plataforma de e-commerce de tecnologia e games. Isso representa um aumento de valor de cerca de 884 vezes em seis anos!

Considerado hoje uma potência do mercado de varejo brasileiro, o Magazine Luiza está indo além e tem avançado na construção de um amplo ecossistema digital de negócios, realizando mais de vinte aquisições estratégicas[10] desde 2017. Entre os segmentos-alvo da companhia estão logística, e-commerce, infraestrutura, sistemas, educação, marketing, conteúdo, mídia, entretenimento e serviços financeiros. Esse último, inclusive, tem sido um negócio que está ganhando cada vez mais destaque, à medida que a estrutura já existente (que inclui Magalu Pagamentos, MagaluPay, LuizaCred, LuizaSeg e Consórcio Magalu) se adapta aos tempos atuais e se combina com novas aquisições (como a empresa de Banking as a Service Hub Fintech e a processadora de cartões Bit55) e estabelece sinergias com demais áreas de atuação.

Frederico Trajano já disse, em várias ocasiões, que a companhia busca desenvolver uma abordagem de *superapp*, em referência à estratégia usada pela chinesa WeChat, que domina diferentes aspectos da

---

[10] SERRENTINO, A. O que o Magazine Luiza quer com o jovem nerd e outras aquisições; leia análise. **Estadão**. 14 abr. 2021. Disponível em: https://economia.estadao.com.br/noticias/geral,o-que-o-magazine-luiza-quer-com-o-jovem-nerd-e-outras-aquisicoes-leia-analise,70003681257#. Acesso em: 21 ago. 2021.

> vida do cidadão. Nesse modelo, há uma forte integração entre diferentes iniciativas, o que permite, por exemplo, fazer com que um cliente que apenas realiza compras no e-commerce do Magalu abra sua conta digital na mesma plataforma em segundos. Em suma, o Magazine Luiza está totalmente inserido dentro da nova lógica, buscando se fazer presente em diferentes momentos da vida dos seus consumidores, capturando sinergias entre seus negócios e dando vantagens para quem interagir com eles de forma mais frequente (o que acaba se traduzindo em soluções cada vez mais personalizadas). Ainda é cedo para dizer se a companhia será o principal *superapp* do país, mas podemos afirmar que certamente dará trabalho para a concorrência.

A RECONFIGURAÇÃO DAS RELAÇÕES DE TRABALHO

Como vimos ao longo do capítulo, vários novos elementos estão sendo adicionados ao contexto digital no qual bancos e empresas estão inseridos, sendo que a linha que separa o mercado financeiro dos demais segmentos está ficando cada vez mais tênue. Consequentemente, tudo isso afeta de forma direta os profissionais envolvidos, ou que desejam se envolver, em tal território.

Ao se depararem com notícias de fechamento de agências e enxugamento de pessoal, muitos bancários podem se sentir apreensivos e se perguntarem quando, e como, essas mudanças os atingirão. Outro questionamento comum é se haverá espaço para eles, e onde exatamente poderão se encaixar nesse mundo novo. É certo que veremos mais vagas sendo extintas pelos bancos à medida que priorizam os canais digitais, mas veremos emergir novas posições nas instituições financeiras e nas empresas. Temos que atentar ao fato de que novas habilidades e competências também serão esperadas dos profissionais que atuam nesse ambiente, sendo que conhecer, o quanto antes, quais são esses requisitos pode ser decisivo para a carreira de um indivíduo.

Outro caminho aberto, graças à soma de fatores expostos acima e às novas possibilidades regulatórias iniciadas com o Open Banking, é o surgimento dos "bancários autônomos", profissionais que não estão ligados diretamente a um banco específico, mas que podem se conectar a determinadas plataformas que permitem que eles ofertem produtos de diferentes instituições financeiras.

As múltiplas vias para o "bancário do futuro", bem como as oportunidades e desafios que podem ser encontrados no caminho, serão exploradas no capítulo 8 deste livro. Siga comigo para continuar compreendendo os diferentes aspectos que fazem parte da nova lógica financeira!

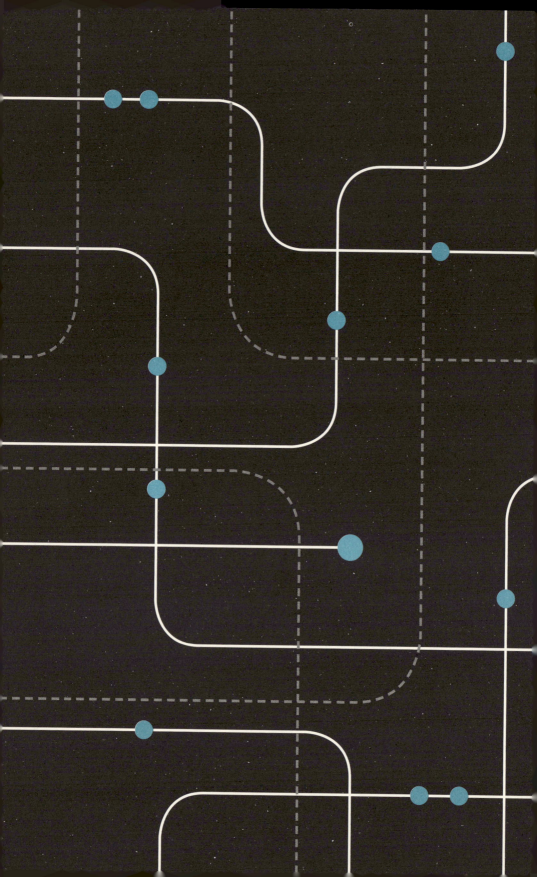

3

AS MUDANÇAS CULTURAIS COMO ELEMENTO-CHAVE

Com a <u>velocidade gerada por um mundo cada vez mais digital</u>, a sociedade acabou incorporando novos elementos que têm promovido, também, aceleradas transformações culturais. É fácil perceber essas transformações olhando para as novas gerações, sua forma de pensar, seus hábitos e valores – e como as demais gerações são impactadas por elas. Contudo, é bom termos em mente que o avanço tecnológico tem um papel importante em tudo isso, mas não é o único. Observamos, também, a ampliação da consciência do consumidor a respeito de outros aspectos, que incluem a forma como os prestadores de serviços estão alinhados com pautas como diversidade, governança corporativa e o impacto ambiental e social de suas atividades.

A arena dos serviços financeiros não escapa ilesa às transformações culturais citadas acima. Além de a expectativa do cliente estar mais elevada em relação ao que ele espera de um prestador de serviços, por estar cercado de experiências de excelência em diferentes setores de sua vida e conseguir comparar de forma mais crítica (como vimos no capítulo 1), ele tem cada vez menos receio em testar provedores financeiros alternativos, pois o processo de início de uma relação adicional (ou mesmo a substituição de uma antiga) está se tornando cada vez mais fácil e sem atrito.

Dando impulso à nova lógica financeira, vemos um consumidor que quer ser atendido ao seu tempo, onde quer que esteja. Esse consumidor não vê mais sentido em ter qualquer jornada (desde uma compra em um e-commerce até o uso de uma rede social) interrompida para realizar uma transação financeira, sendo que, agora, ela precisa fazer parte do processo para se ajustar ao seu ritmo de vida e não o contrário. Isso faz com que serviços financeiros embutidos nas marcas com as quais nos relacionamos cotidianamente façam cada vez mais sentido. Em alguns anos, a visão que ainda temos de precisar ir a uma agência bancária para realizar simples atividades financeiras (como um empréstimo de prazo mais curto ou contratar produtos de seguro ou investimentos, por exemplo) parecerá antiquada. Afinal, ninguém acorda com vontade de ir ao banco, sacrificando tempo precioso do dia em tarefas que já não são exclusivamente providas por ele e que podem ser executadas, digitalmente, de forma bem mais simples via diferentes empresas.

Neste capítulo mostraremos como o comportamento, as expectativas e a percepção dos consumidores têm mudado nos últimos anos, e o que podemos esperar daqui para a frente, sobretudo depois do impulso digital vivenciado após 2020.

OS NOVOS COMPORTAMENTOS E EXPECTATIVAS DOS CONSUMIDORES

A partir da década de 1990, a internet, a telefonia móvel e, posteriormente, os smartphones, trouxeram um mar de possibilidades para os consumidores de todo o mundo. Até então, os mais diversos negócios (fossem eles ligados ao varejo ou até ao mercado financeiro) operavam estritamente no mundo off-line, sofriam para conquistar escala e possuíam grande atrito nas jornadas proporcionadas aos clientes. Como exemplos, tínhamos processos demorados de *onboarding*, lentidão no tempo que levava desde a aquisição ao consumo de um produto ou serviço, entre outros. Esse era o padrão e não havia muito o que o cliente podia fazer, dado que a experiência provida por concorrentes de mesmo porte dentro de um determinado segmento era parecida em vários aspectos.

Hoje, após quase três décadas de evolução do mundo digital, os consumidores são capazes de comandar grande parte de suas atividades cotidianas via dispositivos móveis e, definitivamente, não querem ter que se deslocar ou passar por outros atritos (mesmo que digitais, como processos de cadastro demorados) ao serem atendidos por um banco, fintech ou empresa. Também, com tantos players competindo por sua atenção, ele espera ser tratado como um rei, algo que, finalmente, acontece após anos tendo que "se virar pelo avesso" para iniciar um relacionamento com um banco e ter acesso aos produtos da instituição, por exemplo.

Segundo dados do Instituto Brasileiro de Geografia e Estatística (IBGE),[11] 82,7% dos domicílios nacionais possuem acesso à internet, e o telefone celular é a principal ferramenta utilizada pelos cidadãos para tal, sendo encontrado em 99,5% dos domicílios conectados à rede mundial de computadores. Essa informação nos dá uma ideia da extensão da mudança de comportamento que está em curso e do quanto as soluções ofertadas digitalmente via smartphones se tornaram acessíveis, o que pode levar esse grupo de pessoas a se tornarem potenciais consumidores de novos serviços, incluindo os financeiros.

Falando em serviços financeiros, e olhando apenas para a realidade dos bancos brasileiros, já é possível ver um forte aumento na utilização dos canais digitais para a realização de transações. De acordo com informações da Federação Brasileira de Bancos (Febraban),[12] 66% das operações bancárias realizadas no

---

[11] PESQUISA mostra que 82,7% dos domicílios brasileiros têm acesso à internet. **Governo Federal**. 14 abr. 2021. Disponível em: https://www.gov.br/mcom/pt-br/noticias/2021/abril/pesquisa-mostra-que-82-7-dos-domicilios-brasileiros-tem-acesso-a-internet. Acesso em: 21 ago. 2021.

[12] DELOITTE. **Pesquisa Febraban de tecnologia bancária 2021**. São Paulo, 2020. Disponível em: https://www2.deloitte.com/content/dam/Deloitte/br/Documents/financial-services/pesquisa-febraban-imprensa.pdf. Acesso em: 21 ago. 2021.

ano de 2020 aconteceram no formato digital, sejam pelo celular (51% do total) ou pelo computador (15% do total).

Total de transações bancárias registrou crescimento de 20%, o maior dos últimos anos

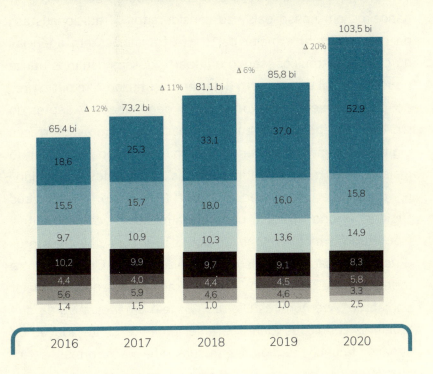

Em bilhões de transações

- Mobile banking
- Internet banking
- POS – pontos de venda no comércio
- ATM – autoatendimento
- Correspondentes
- Agências bancárias
- Centrais de atendimento

Em comparação com o resto do mundo, o Brasil também se sai bem quando o assunto é engajamento com soluções financeiras digitais e predisposição para utilizar novos fornecedores nesse ambiente. Segundo pesquisa global realizada pela consultoria Deloitte,[13] 18% dos consumidores de serviços financeiros em nosso país são considerados "Tradicionalistas", ou seja, realizam a maior parte das transações em agências ou caixas eletrônicos, sendo que parte desses usuários utiliza pouco o digital e um quarto deles nunca utilizou. Um outro grupo, que representa 32% do total, foi denominado "Adeptos do On-line", categoria que reúne pessoas que usam as interfaces digitais com maior frequência, mas não o tempo todo, usando mais serviços que os "Tradicionalistas". Já 51% dos consumidores podem ser enquadrados no perfil chamado "Aventureiros Digitais", grupo que usa preferencialmente os canais digitais (sobretudo o *mobile*), tendo propensão a consumir mais produtos e transacionar mais que os "Adeptos do On-line". Entre todos os países analisados, o Brasil é aquele que possui a maior porção de "Aventureiros Digitais". Esse é um indicativo de que reunimos condições ideais para ver uma crescente adoção de serviços financeiros digitais em suas diferentes formas, sejam eles ofertados por bancos, fintechs ou empresas.

---

[13] SRINIVAS, V; WADHWANI, R. Accelerating digital transformation in banking: global survey on digital banking, and analysis on the value of bank branches and online banking channels. **Delloite**, 2019. Disponível em: https://www2.deloitte.com/content/dam/Deloitte/cn/Documents/financial-services/deloitte-cn-fs-accelerating-digital-transformation-in-banking-en-190515.pdf. Acesso em: 21 ago. 2021.

NINGUÉM ACORDA COM VONTADE DE IR AO BANCO, SACRIFICANDO TEMPO PRECIOSO DO DIA EM TAREFAS QUE JÁ NÃO SÃO EXCLUSIVAMENTE PROVIDAS POR ELE E QUE PODEM SER EXECUTADAS, DIGITALMENTE, DE FORMA BEM MAIS SIMPLES VIA DIFERENTES EMPRESAS.

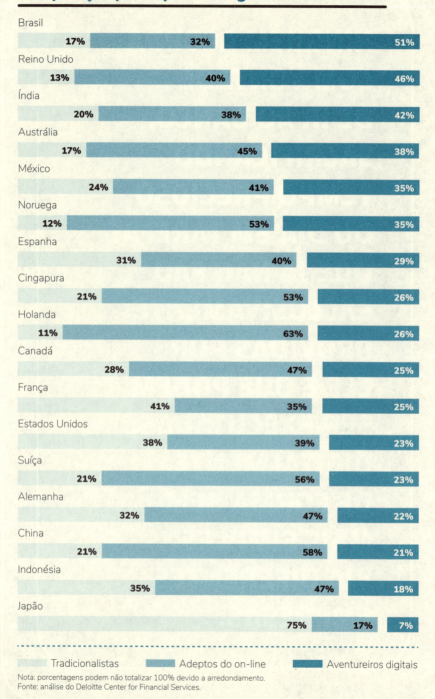

Como foi mencionado no começo do capítulo, existem alguns elementos que vêm ganhando cada vez mais atenção dos consumidores, afetando diretamente suas decisões de compra e a escolha de fornecedores. Trata-se de fatores que agora são observados pelos clientes, como a diversidade e ESG, sigla em inglês que engloba o Meio Ambiente (**E**nviroment), os impactos **S**ociais e a **G**overnança corporativa de uma empresa.

> **Aspectos como impacto social positivo, diversidade e sustentabilidade precisam agora ser enxergados também nos provedores de serviço, dando a certeza de que foram incorporados na cultura da companhia. Em alguns casos, os consumidores buscam, também, empresas que ofertem soluções que possam ajudá-los a reduzir os impactos ambientais de suas ações (como a pegada de carbono deixada em uma transação financeira) ou provocar uma ação social positiva (destinando parte dos programas de fidelidade para causas sociais, por exemplo).**

Organizações mundo afora têm designado responsáveis para lidar com esses temas, garantindo que tais demandas da sociedade sejam devidamente atendidas e que a empresa esteja preparada para os desafios do futuro (que vão muito além das preocupações com o resultado financeiro e da operação de uma empresa). É bom ressaltar que não estamos falando apenas das necessidades dos clientes em termos de consumo, mas de aderências aos seus valores. Extrapolada a relação comercial, devemos entender que os posicionamentos das empresas (ou a falta deles) em relação aos temas que abordamos podem definir desde o amor às suas marcas até o boicote delas.

UMA NOVA PERCEPÇÃO EM RELAÇÃO AOS SERVIÇOS FINANCEIROS

Durante muito tempo, na cabeça dos consumidores, serviços financeiros eram sinônimo de bancos. Afinal, as pessoas se voltavam a essas instituições para contratar linhas de crédito pessoal, pagar contas, movimentar recursos, contratar seguros, entre outras atividades. O processo de tomada de crédito, por exemplo, costumava envolver várias etapas, e era quase um ritual: o cidadão vestia uma boa roupa, se dirigia a uma agência bancária, conversava com o gerente, entregava diversos documentos e torcia para receber uma resposta positiva. Assim, uma ida ao banco era percebida como uma atividade formal e necessária para acessarmos e conduzirmos nossa vida financeira, algo que entrava no rol das atividades recorrentes que ocupavam uma boa parte do dia.

Avançando no tempo, vemos um cenário no qual temos centrais telefônicas (os famosos *call centers*) fazendo ligações e nos ofertando produtos financeiros de forma massificada, algo que começa a alterar a lógica na qual costumávamos ser a parte mais proativa dessa equação. Somado a isso, em decorrência dos meios digitais, surgem alternativas de *internet banking* e *mobile banking* disponibilizadas pelos bancos. Desse modo, as agências passam a ter cada vez menos um aspecto central na nossa vida financeira. Algumas doses de conveniência são adicionadas à rotina dos consumidores... bom, isso quando o banco não pede aos seus clientes que validem algum passo de sua jornada digital em um caixa eletrônico ou agência.

Nos últimos anos, alternativas aos bancos, como as fintechs, conquistaram a confiança da população e ganharam mais corpo em termos de diversidade de soluções ofertadas. Em seguida, empresas não financeiras também adentraram nesse mundo, posicionando-se como alternativas. Os aplicativos de todos esses novos entrantes suprem, nem que seja de uma forma básica, boa parte das necessidades dos cidadãos. Nesse momento, o consumidor já não percebe mais o banco como a única via para resolver sua vida financeira, e aquela forma antiga, analógica e formal que conhecíamos vai ficando no passado.

À medida que o mercado incorpora novas tecnologias, formas inovadoras de se coletar e analisar dados, regulamentações cada vez mais vanguardistas e múltiplos modelos de negócio, as pessoas vão sendo impactadas por outras formas cada vez mais fáceis, intuitivas, invisíveis e até preditivas de cuidar das próprias finanças.

Um novo passo que está sendo dado pelo mercado tem sido chamado de *contextual banking*, ou seja, serviços financeiros baseados no momento e no contexto no qual você se encontra. Esqueça aquelas ligações oferecendo cartões que você não quer em momentos inoportunos. Estamos falando agora da possibilidade de ser questionado pela instituição com a qual você se relaciona se você deseja consumir um produto em ocasiões em que realmente faz sentido e do qual, algumas vezes, você nem sabia que precisava. Por vezes, é um movimento praticamente preditivo e que leva em conta os planos e objetivos que você definiu junto à plataforma com a qual você se relaciona, bem como os dados gerados a partir de situações do seu dia a dia que possam impactar em seus objetivos ou saúde financeira. O banco digital europeu Revolut, por exemplo, consegue identificar se você está em viagem e próximo a uma estação de esqui para lhe oferecer uma apólice de seguro, com validade de um dia, por cerca de 1 euro, com cobertura de acidentes pessoais, incluindo situações decorrentes de prática esportiva. Nesse caso, o usuário pode não ter se planejado previamente para aquela situação e verá muito valor na aquisição do seguro dentro daquele contexto. Para o provedor do serviço, essa foi uma oportunidade de ser assertivo na recomendação de uma solução com alta probabilidade de conversão. Um caso em que todas as partes saem satisfeitas.

Olhando para possibilidades contextuais preditivas na realidade das empresas, temos as soluções financeiras ofertadas pelas plataformas de sistema de gestão integrada (os ERPs) que podem antecipar necessidades e lhe dizer quando a companhia terá um furo em seu caixa, por exemplo, e ofertar empréstimos previamente. Do lado da plataforma, ter o conhecimento dos objetivos do cliente e acesso em tempo real aos dados gerados ao longo da vida da empresa possibilita a utilização dessas informações para melhor precificar ofertas de crédito e fazer recomendações de diferentes produtos de forma mais adequada e assertiva.

Em contraste a isso, você já deve ter tido a experiência de receber ofertas de crédito aleatórias mesmo que você não se enquadre no perfil de cliente que costuma contratar empréstimos, apenas pelo fato de sua nota de crédito e histórico de relacionamento serem bons. Por vezes, essas ofertas são feitas de maneira incisiva por e-mail, notificação no aplicativo ou contato de um gerente de relacionamento que, muitas vezes, costuma estar movido pela ansiedade de bater suas próprias metas de venda de produtos do que, de fato, procurar entender qual é o seu perfil e quais são as suas necessidades.

Na evolução da oferta dos produtos bancários, saímos de uma realidade na qual os bancos definiam o contexto em que tais soluções deveriam ser adquiridas (inicialmente em um espaço físico que funcionava em horário comercial) para outra na qual eles devem se adequar ao contexto no qual o cliente se encontra. Isso vai além da premissa trazida no princípio do *mobile banking*, que pregava o conceito dos bancos presentes "quando e onde você quiser" para "a todo momento", inclusive quando você não sabe que precisa. Essa é uma mudança importante que afetará, fortemente, a percepção do consumidor daqui por diante.

EM COMPARAÇÃO COM O RESTO DO MUNDO, O BRASIL TAMBÉM SE SAI BEM QUANDO O ASSUNTO É ENGAJAMENTO COM SOLUÇÕES FINANCEIRAS DIGITAIS E PREDISPOSIÇÃO PARA UTILIZAR NOVOS FORNECEDORES NESSE AMBIENTE.

AS RELAÇÕES DE CONSUMO PÓS-2020

Não há como falar sobre mudanças de aspectos culturais e comportamentais dos consumidores sem falar dos impactos provocados na sociedade em decorrência da pandemia de covid-19. A partir desse fato, vimos um impulso rumo a uma vida ainda mais digitalizada em razão das recomendações de distanciamento social em todo o mundo.

O e-commerce foi fortemente impactado no Brasil, abrindo portas para novos hábitos de consumo. De acordo com um estudo do fundo de capital de risco (venture capital) Atlantico,[14] em apenas dez semanas, entre março e maio de 2020, a penetração do e-commerce no Brasil dobrou, crescendo, naquele período, o mesmo que tinha levado dez anos para conseguir. As taxas de crescimento recuaram após o período mais agudo de isolamento social, mas isso não apaga os avanços digitais ocorridos e o fato de que houve um aumento de frequência por parte de consumidores já familiarizados com o e-commerce e a chegada de novos que ainda não compravam através desse canal.

Os serviços financeiros digitais também saíram fortalecidos mesmo após uma das piores crises globais da qual temos notícia. Do lado dos bancos, o *mobile banking* passou a representar 51% de todas as transações em 2020, contra 43% em 2019 (conforme análise dos dados apresentados no começo do capítulo). Entre as fintechs, startups como o Nubank e o PicPay tiveram uma forte

---

[14] GOULART, J. E-commerce no Brasil avançou 10 anos em 10 semanas. *Veja*, 2 out. 2020. Disponível em: https://veja.abril.com.br/economia/e-commerce-no-brasil-avancou-10-anos-em-10-semanas/. Acesso em: 21 ago. 2021.

expansão da sua base de clientes. Enquanto o Nubank[15] saiu de 23 milhões de usuários para 35 milhões entre março de 2020 e março de 2021, o PicPay subiu de 20 milhões[16] em maio de 2020 para 50 milhões[17] em abril de 2021. Vale lembrar que o PicPay fechou acordos com alguns governos estaduais e municipais para a distribuição do auxílio emergencial e disponibilizou sua tecnologia de pagamentos via QR Code para viabilizar doações em dezenas de lives beneficentes que aconteceram no país. Com isso, a empresa já passou a desenvolver uma linha mais ampla de soluções, como crédito e conta remunerada, para servir sua imensa base de clientes recém-adquirida, da qual fazem partes muitos desbancarizados.

Ainda falando de avanços junto aos desbancarizados, temos o incrível exemplo da Caixa Econômica Federal, que foi utilizada pelo governo brasileiro para distribuir o auxílio emergencial e conseguiu realizar a abertura de 109 milhões[18] de contas digitais, via aplicativo Caixa Tem, o que representa sete em cada dez adultos no Brasil. Assim, uma enorme parcela da população

---

[15] VENTURA, F. Mesmo com pandemia, Nubank cresce e supera marca de 35 milhões de clientes. **IG**, 14 mar. 2021. Disponível em: https://economia.ig.com.br/2021-03-15/mesmo-com-pandemia-nubank-cresce-e-supera-marca-de-35-milhoes-de-clientes.html. Acesso em: 21 ago. 2021.

[16] BUTCHER, I. PicPay chega a 20 milhões de usuários e projeta R$ 31 bi em transações para 2020. **Mobile Time**, 19 maio 2020. Disponível em: https://www.mobiletime.com.br/noticias/19/05/2020/picpay-chega-a-20-milhoes-de-usuarios-e-projeta-r-31-bi-em-transacoes-para-2020/. Acesso em: 21 ago. 2021.

[17] SOMOS 50 milhões de usuários em todo o Brasil! **PicPay**, 13 abr. Disponível em: https://blog.picpay.com/somos-50-milhoes-de-usuarios-em-todo-o-brasil-163eb1b100e1. Acesso em: 21 ago. 2021.

[18] VALLE, P. Caixa já abriu 100 milhões de contas digitais pelo Caixa Tem. **Extra**, 4 nov. 2020. Disponível em: https://extra.globo.com/economia/caixa-ja-abriu-100-milhoes-de-contas-digitais-pelo-caixa-tem-24728645.html. Acesso em: 21 ago. 2021.

que talvez nunca tenha utilizado o smartphone para realizar transações financeiras passou a ter contato com um mundo novo de possibilidades, algo que, certamente, aumentará a sua propensão à utilização de serviços de fintechs locais ou mesmo de outras soluções digitais ofertadas por bancos e demais empresas.

Somadas a todas essas mudanças, vimos, em 2020, a intensificação do processo de abertura regulatória por parte do Banco Central e demais autarquias do mercado financeiro, como a Superintendência de Seguros Privados (Susep), a Comissão de Valores Mobiliários (CVM), com ações como o Open Banking (posteriormente chamado de Open Finance), a implementação do Pix e a criação dos Sandboxes Regulatórios. No próximo capítulo abordarei melhor essas iniciativas e mostrarei como elas ajudam a impulsionar a nova lógica financeira.

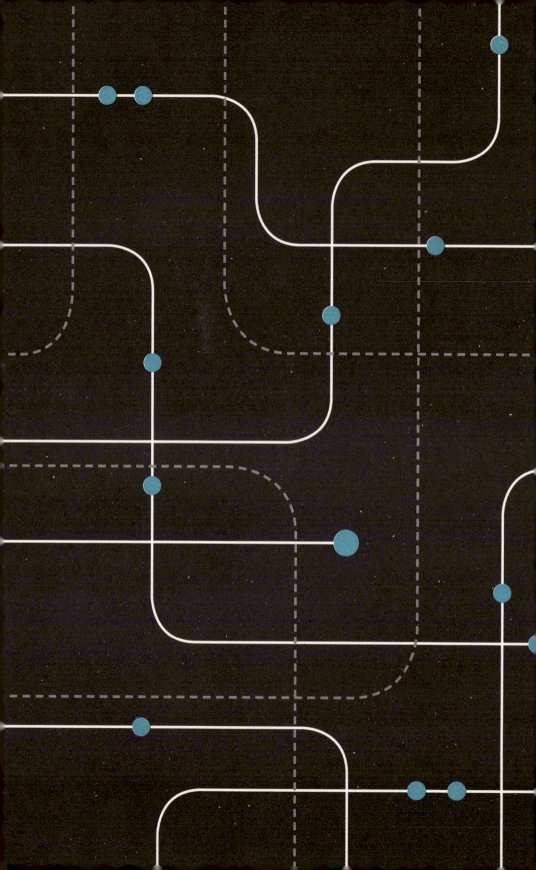

4

OS VETORES DA TRANSFORMAÇÃO NO SEGMENTO FINANCEIRO

O destravamento de possibilidades que estamos presenciando no mercado financeiro é algo sem precedentes que está fazendo com que adentremos, a toda velocidade, em uma realidade repleta de diferentes propostas de valor para os consumidores e, também, de novos competidores. Como mencionado anteriormente, isso é possível devido a uma combinação de elementos, tais como a transformação cultural dos consumidores (tema coberto no capítulo anterior), a chegada de novas tecnologias e a evolução do ambiente regulatório.

O componente que muda mais rápido é o tecnológico, visto que esse se faz presente de maneira contínua na forma de inovação incremental (a qual vai se tornando um processo ou solução mais veloz e eficiente) e, de tempos em tempos, se manifesta trazendo um elemento disruptivo à sociedade (nesse caso, vemos uma nova tecnologia que muda o jogo e a forma como um determinado mercado funciona). Já os aspectos culturais mudam de modo um pouco mais lento, à medida que vão sendo propagados na sociedade por diferentes gerações, tomando força e sedimentando seus efeitos com o passar do tempo. O elemento regulatório é o mais complexo e aquele que se renova de maneira mais demorada que os demais. De certo modo, isso é compreensível em razão dos potenciais riscos ao sistema financeiro e aos seus usuários, riscos esses que podem surgir caso os impactos de uma alteração ou acréscimo de uma regulação não sejam devidamente estudados.

Não é incomum vermos um grande descompasso entre a existência da possibilidade tecnológica e o interesse do

> **consumidor no desenvolvimento de um novo modelo de negócio e a impossibilidade de tal modelo ser levado adiante em virtude da regulação vigente (ou da inexistência de regulação específica).**

Por muito tempo, mudanças significativas na arena regulatória eram pouco frequentes, fazendo com que as barreiras de entrada se mantivessem bem altas no setor financeiro, dificultando a introdução de novos players. Com a expansão de horizontes e o forte processo de desmaterialização trazido pelo mundo digital, combinado a uma postura mais flexível por parte dos reguladores em várias partes do mundo, vimos surgir uma nova era que está tornando possível muitas inovações que pareciam distantes em outros tempos.

Neste capítulo, abordarei melhor os avanços da tecnologia e da regulação, principalmente olhando para a realidade brasileira, e como tais elementos estão transformando o mercado e pavimentando o caminho para a nova lógica financeira.

A ABERTURA REGULATÓRIA DO SETOR

Durante muito tempo, as instituições financeiras tradicionais dominavam o mercado sem muita concorrência externa. Em uma era pré-internet, a capilaridade das redes de agências, por exemplo, era fundamental para que fosse possível alcançar clientes e ofertar produtos por todo o território nacional. A necessidade dessa presença física massiva, por si só, já configurava uma barreira de entrada enorme para novos competidores. Além disso, havia aspectos regulatórios, como os altos requisitos de capital mínimo, que dificultavam o estabelecimento de novos negócios. Com a popularização da internet em meados da década de 1990, vimos o início da utilização dos canais digitais pelos bancos e, paralelamente, o surgimento de startups completamente novas e com propostas diferentes em relação a como viabilizar soluções simples, baratas, intuitivas e de excelência para os consumidores. Essas startups, que nos anos que se seguiram ficaram conhecidas como fintechs, tiveram um desenvolvimento que variou muito dependendo do país onde elas se encontravam e dos aspectos regulatórios que regiam o mercado financeiro local. Vale lembrar que a indústria financeira é uma das mais reguladas que existe, ficando em um patamar aproximado (em nível de severidade de suas regras) com a indústria da saúde, por exemplo.

Aqui no Brasil, as regras não sofreram mudanças significativas até o ano de 2010; porém, a partir de então, o cenário começou a mudar. Entre 2010 e 2019, presenciamos a evolução das regras do mercado financeiro visando ampliar a inclusão, democratizar os mecanismos de acesso ao capital e aumentar a concorrência no setor, acomodando e viabilizando as atividades de novos atores. Normas foram, então, atualizadas e criadas, trazendo maior segurança jurídica e ampliando as condições de funcionamento de entidades e operações.

- **As instituições de pagamentos:** entidades que podem gerenciar contas de pagamento pré-pagas ou pós-pagas, sendo uma opção às contas-correntes dos bancos.
- **Os provedores digitais de crédito:** empresas que podem realizar a oferta direta de empréstimos pela internet,

usando os seus próprios recursos (se estabelecidas como Sociedades de Crédito Direto – SCD) ou como intermediárias de empréstimos entre pessoas que querem tomar recursos e aquelas que querem remunerar seu capital na outra ponta, atuando como um investidor (permitido para veículos conhecidos como Sociedades de Empréstimos entre Pessoas – SEP).

- **A modalidade do *equity crowdfunding*:** possibilitando o investimento de pessoas físicas em startups e outros projetos alternativos.

Foi o início de uma abertura regulatória mais direta em resposta à inevitável realidade digital que já acontecia no segmento financeiro em outras partes do mundo.

Avançando para 2020, encontramos um ano absolutamente marcante e decisivo para o mercado financeiro brasileiro, no qual, junto a um cenário imprevisível de pandemia, vimos um intenso trabalho dos reguladores em materializar novidades impressionantes como o Sistema de Pagamentos Instantâneos, o Sandbox Regulatório e o Open Banking.

Com a soma dessas novidades e os avanços previstos para os próximos anos, o atual presidente do Banco Central, Roberto Campos Neto, chegou a afirmar que as inovações financeiras que estarão no ar em 2022 serão maiores do que as da última década,[19] e que a autarquia vem conduzindo projetos para acompanhar esses movimentos. De fato, o regulador parece empenhado em seguir promovendo a abertura regulatória do setor, estabelecendo

---

[19] INOVAÇÕES financeiras de 2022 serão maiores do que as dos últimos 10 anos, diz BC. **Época Negócios**, 24 mar. 2021. Disponível em: https://epocanegocios.globo.com/Economia/noticia/2021/03/epoca-negocios-inovacoes-financeiras-de-2022-serao-maiores-do-que-as-dos-ultimos-10-anos-diz-bc.html. Acesso em: 21 ago. 2021.

ainda mais caminhos para a competição, a inclusão financeira e demais benefícios para os consumidores.

Um resumo das regras que foram incorporadas ao longo desse período de mudanças iniciado em 2010 pode ser encontrado no site brunodiniz.com.

PIX, SANDBOX REGULATÓRIO, OPEN BANKING E A NOVA INFRAESTRUTURA DO MERCADO

Os elementos regulatórios e de infraestrutura trazidos ao mercado financeiro a partir de 2020 representam uma grande transformação, como, inclusive, foi dito pelo presidente do Banco Central. Por esse motivo (e por serem ainda uma novidade para o mercado), apresentarei mais detalhes de cada um deles a seguir.

PIX E O SISTEMA DE PAGAMENTOS INSTANTÂNEOS

O Pix foi implementado em novembro de 2020 e funciona em cima do SPI (Sistema de Pagamentos Instantâneos), infraestrutura operada pelo Banco Central que é mais moderna que o SPB (Sistema de Pagamentos Brasileiro). O Pix é uma solução que funciona vinte e quatro horas por dia, sete dias por semana, e que engloba uma multiplicidade de casos de uso, possibilitando desde transferências entre pessoas até pagamentos no ponto de venda ou no e-commerce. Isso sem contar outras várias funcionalidades que devem deixar a ferramenta ainda mais atrativa, como compras parceladas, saque de dinheiro em espécie no varejo e requisição de pagamentos. Assim, é possível visualizar o potencial do Pix em ocupar várias frentes, disputando espaço com diferentes instrumentos, desde boletos a cartões de crédito e débito e transferências.

POR QUE É IMPORTANTE NO CONTEXTO DA NOVA LÓGICA FINANCEIRA?

Uma das principais vantagens trazidas por essa modalidade de pagamentos foi a interoperabilidade entre as instituições conectadas ao SPI, o que pode incluir fintechs e carteiras digitais (além das instituições tradicionais). Como não há custo nas transferências feitas de pessoa para pessoa, podemos ver o dinheiro fluindo entre todos os players que dispõem do Pix. Isso acaba de vez com a resistência dos clientes em usar provedores de serviços financeiros alternativos que, anteriormente, poderiam cobrar caro por uma TED (Transferência Eletrônica Disponível) para movimentar recursos ou que, às vezes, nem possuíam essa possibilidade. Olhando para a realidade da nova lógica, na qual temos um crescente número de novos provedores de solução, o SPI vem como uma forma de nivelar algumas capacidades básicas entre competidores nesse renovado ambiente competitivo. É importante salientar que o Pix teve extremo sucesso em um curto espaço de tempo, tornando-se o meio de pagamentos instantâneos com adesão mais rápida no mundo.[20]

---

[20] GARCIA, L. Pix é o sistema de pagamentos instantâneos com adesão mais rápida no mundo, diz BC. **Folha**, 20 maio 2021. Disponível em: https://www1.folha.uol.com.br/mercado/2021/05/pix-e-o-sistema-de-pagamentos-instantaneos-com-adesao-mais-rapida-no-mundo-diz-bc.shtml. Acesso em: 21 ago. 2021.

SANDBOX REGULATÓRIO

Depois de criada e implementada com sucesso pela FCA (agência reguladora do Reino Unido), a abordagem do Sandbox Regulatório se tornou uma referência de como possibilitar a inovação no setor financeiro para muitos reguladores em todo o mundo.

Os sandboxes são ambientes para testes de soluções inovadoras nos quais os empreendedores inscrevem seus projetos para participar e, caso cumpram os critérios colocados pela autoridade de mercado e sejam aceitos, os desenvolvem com a supervisão direta do regulador, que flexibiliza requisitos regulatórios no intuito de permitir que suas soluções sejam ofertadas, inicialmente, para um grupo limitado de clientes, para depois operarem de forma ampla (caso completem o processo com sucesso). No Brasil, temos três sandboxes distintos, sendo que cada um é conduzido por uma autarquia do mercado financeiro: Superintendência de Seguros e Previdência, Comissão de Valores Mobiliários e Banco Central.

POR QUE É IMPORTANTE NO CONTEXTO DA NOVA LÓGICA FINANCEIRA?

O conceito trazido pelo Sandbox Regulatório é muito importante, pois ajuda a destravar novos modelos de negócios em um formato bem proativo por parte do regulador, ao oposto da forma reativa com a qual as novidades eram permitidas pelo regulador no mercado. O que costumávamos ver antes eram empreendedores inovadores recebendo negativas do regulador ao tentarem operacionalizar novas soluções (que poderiam até existir em outros países), ao passo que, apenas após um tempo, viam a criação de regras específicas sobre um determinado tema (e, até que isso acontecesse, era comum perderem o timing em relação ao resto do mundo). Estamos, agora, diante de um novo momento que pode acelerar o modo como novas tecnologias e modelos de negócio ganham mercado e crescem no país.

OPEN BANKING/OPEN FINANCE

O embrião do Open Banking como regulação surgiu na União Europeia em 2015, a partir de uma regulamentação chamada PSD2 (Payments Services Directive 2) que, entre outras coisas, exigia que os bancos adotassem APIs (interfaces de programação de aplicações) abertas. Esse mecanismo facilitava a interação entre as instituições, possibilitando que os dados da conta de um cliente (tais como histórico de transações e informações cadastrais) fossem portabilizados para outras instituições, devidamente reguladas, de forma fácil e segura, caso o cliente assim quisesse e autorizasse.

Desse modo, o usuário de produtos e serviços financeiros poderia ter maior poder sobre os seus dados e obter benefícios tangíveis ao permitir que fintechs, por exemplo, tivessem acesso ao histórico de suas informações mantidas nas grandes instituições e, em contrapartida, entregassem ofertas bancárias mais personalizadas e baratas, além de novas soluções capazes de proporcionar uma melhor gestão de suas finanças.

No Reino Unido, esse conceito foi abraçado pelas autoridades locais e teve particular avanço após uma investigação conduzida pelo órgão britânico de concorrência de mercado (chamado Competition and Markets Authority – CMA), a qual constatou que o mercado de bancos de varejo por lá não era tão competitivo ou inovador quanto deveria ser. Para avançar na resolução dessa questão, foi criada, em 2016, uma entidade sem fins lucrativos chamada Open Banking Implementation Entity (OBIE), que ficou incumbida de criar e implementar todos os padrões e a

COM A EXPANSÃO DE HORIZONTES E FORTE PROCESSO DE DESMATERIALIZAÇÃO TRAZIDO PELO MUNDO DIGITAL, COMBINADO A UMA POSTURA MAIS FLEXÍVEL POR PARTE DOS REGULADORES EM VÁRIAS PARTES DO MUNDO, VIMOS SURGIR UMA NOVA ERA QUE ESTÁ TORNANDO POSSÍVEL MUITAS INOVAÇÕES QUE PARECIAM DISTANTES EM OUTROS TEMPOS.

infraestrutura necessária para que o Open Banking acontecesse da forma mais estruturada possível, indo além do escopo inicialmente proposto pela União Europeia com o PSD2.

No ano de 2018, o Open Banking teve seu início no território britânico, impulsionando todo um ecossistema de provedores de serviços que entrega novas soluções baseadas em dados compartilhados entre instituições bancárias e fintechs para milhões de usuários, abrangendo tanto pessoas físicas quanto pequenos negócios.

À medida que o "sistema bancário aberto" avançava no país, as autoridades locais passaram a vislumbrar a possibilidade de expandir os benefícios do compartilhamento de dados autorizado pelo consumidor para o mercado financeiro como um todo. Esse compartilhamento ia além das informações de conta e dos serviços de pagamento inicialmente contemplados, e abrangia também produtos como investimentos, seguros, previdência, hipotecas, entre outros. Esse novo conceito foi, então, batizado de Open Finance, que é o passo evolutivo natural do Open Banking. As autoridades brasileiras se inspiraram no modelo britânico para desenvolver o "sistema financeiro aberto" local, algo que se provou um atalho ao adotarmos alguns padrões técnicos já testados e bem estabelecidos lá fora.

Vale dizer que o Open Banking também acontece em outras partes do mundo como um movimento de mercado, em vez de ser estabelecido por força de lei. Nesses casos, as trocas de dados dos clientes se dão por meio de acordos bilaterais entre empresas. Os envolvidos integram seus sistemas, via APIs não padronizadas, com o intuito de trazer benefícios e facilidades aos seus clientes. Em tais situações, acabamos não tendo impactos como o aumento de competitividade no mercado financeiro que o Open Banking proporciona quando amparado por regulamentação.

POR QUE É IMPORTANTE NO CONTEXTO DA NOVA LÓGICA FINANCEIRA?

Com o Open Finance, o mercado financeiro caminha para outro patamar em termos de utilização de dados financeiros para a customização de soluções voltadas aos públicos das mais diferentes classes sociais. Isso permite o acesso a ofertas melhores e mais baratas, bem como novas experiências de consumo. Além disso, esse novo contexto ampliará ainda mais a competição entre os players que atuam na prestação de serviços financeiros, ao passo que também facilitará o estabelecimento de novas parcerias entre instituições, visto que o uso de APIs abertas padronizadas pode ser um fator facilitador do processo.

> **A atividade financeira está se tornando, cada vez mais, um jogo no qual o processamento e a análise de dados são elementos críticos para o sucesso. Adentramos uma era na qual valiosos conjuntos de informações transitam com o consentimento de seus donos por todo o mercado, destravando um grande potencial que pode revolucionar a indústria financeira. Paralelamente, passaremos a ver os consumidores cada vez mais habilitados e capazes de**

alavancar a utilização de seus dados em benefício próprio, possibilitando que eles tomem melhores decisões e assumam o controle total de suas vidas financeiras.

Entre as novas soluções já vislumbradas nesse novo ambiente estão: ferramentas de gerenciamento financeiro com capacidade de realizar uma análise holística dos clientes, provendo insights e conselhos profundamente alinhados à sua realidade; trocas automatizadas de provedores de serviços, reduzindo os atritos existentes atualmente em processos semelhantes; e avaliações de crédito mais precisas, resultando na identificação de produtos de crédito adequados. Certamente, esses são apenas alguns exemplos mais evidentes que já estão previstos pelos reguladores, tratando-se apenas da ponta do iceberg em termos de potencial de desenvolvimento de novas soluções nesse cenário.

CRIPTOATIVOS E CBDCs

Olhando de forma ampla para inovações disruptivas que já estão presentes no mercado, não tem como não falar dos criptoativos e do impulso que eles têm dado a novos modelos de operações no mundo financeiro (como as finanças descentralizadas, também conhecidas como DeFi), e até incentivando movimentos por parte dos Bancos Centrais a criar versões digitais de suas próprias moedas (as chamadas CBDCs – Central Bank Digital Currencies – ou moedas digitais dos bancos centrais). É importante dizer que tudo isso começou com o surgimento do Bitcoin em 2009, passando pela criação das *altcoins* e das *stablecoins*.

Ao longo dos últimos anos, presenciamos a evolução do ambiente cripto desde seus primeiros passos, com o Bitcoin, passando por vários desdobramentos à medida que parte do seu conceito e tecnologia (que se tornou conhecida como Blockchain) foi sendo aplicada para diferentes finalidades. Assim, logo apareceram criptoativos que ficaram conhecidos como *altcoins*, os quais exploravam diversos casos de uso e possibilidades de resolução de problemas. No entanto, muitos projetos de *altcoins* acabaram ficando pelo caminho com o passar do tempo por não conseguir cumprir suas propostas iniciais. Ainda assim, esse movimento foi muito importante no desenvolvimento e na popularização do conceito de criptoativos ao redor do mundo.

No processo de expansão do universo cripto, vimos também o surgimento das *stablecoins*, em meados da década de 2010, que são instrumentos atrelados a um ativo do mundo tradicional, podendo ser uma moeda de um determinado país (como o dólar), uma cesta de moedas ou mesmo uma *commodity* (tal qual o ouro), por exemplo. As *stablecoins* apareceram como uma alternativa para escapar da volatidade de criptoativos, como o próprio Bitcoin, e demais *altcoins* (servindo como instrumento de proteção, também conhecido, no mercado financeiro, como *hedge*), bem como para facilitar a transferência de saldo entre corretoras de criptoativos.

Até grandes empresas de tecnologia passaram a explorar esse espaço, como foi o caso do Facebook em 2019 com o anúncio da Libra, um criptoativo capitaneado pela bigtech que representava uma evolução do modelo de *stablecoins* até então. Em um primeiro momento, o projeto contava com gigantes de tecnologia e do mundo financeiro como apoiadores dessa *stablecoin* lastreada em uma cesta de ativos financeiros globais. Contudo, devido ao seu escopo e amplitude, muitos bancos centrais mundo afora passaram a questionar os potenciais impactos da Libra na economia. Assim, alguns países condenaram o seu desenvolvimento, algo que acabou por tirar força do projeto e promoveu uma debandada de seus principais apoiadores (empresas como Visa, Master, PayPal, entre outras), que, segundo foi circulado na mídia naquela época, temiam criar indisposições com os reguladores. A Libra acabou mudando o nome para Diem e ficou com um escopo de atuação mais restrito do que havia sido imaginado de início.

Um efeito colateral desse processo de desenvolvimento da Libra foi a retomada mais intensa de debates dos bancos sobre a criação de versões digitalizadas de suas próprias moedas, conhecidas como CBDC (Central Bank Digital Currency). Países como Coreia do Sul, Bahamas, China, Estados Unidos e também o Brasil estão avançando com os planos de criação de suas CBDCs, algo que parece inevitável para o mundo nos próximos anos, à medida que caminhamos para uma acelerada desmaterialização do dinheiro físico.

Ao contrário das *stablecoins* e dos criptoativos tradicionais, as CBDCs não são de propriedade privada. Elas são criadas, mantidas e propriedades de bancos centrais, podendo ser voltadas ao varejo (para uso dos cidadãos em operações cotidianas) ou ao atacado (em remessas realizadas entre grandes instituições). No Brasil, a CBDC se chamará Real Digital e poderá ser utilizada pela população, sendo a próxima peça que se soma às inovações que mencionamos neste capítulo. Entre alguns exemplos de possibilidades que veremos com o Real Digital, temos:[21]

---

21 GRADILONE, C. Vem aí o real digital. **Isto é Dinheiro**, 16 jul. 2021. Disponível em: https://www.istoedinheiro.com.br/vem-ai-o-real-digital/. Acesso em: 21 ago. 2021.

- Funções que permitem pagamentos na Internet das Coisas (IoT), em situações em que eletrodomésticos "inteligentes", como uma máquina de lavar ou uma geladeira, podem "perceber" que os estoques domésticos de sabão em pó ou de leite estão baixos. Assim, podem encomendar a reposição desses produtos de forma eletrônica diretamente com varejistas, sendo entregues na residência do consumidor.

- A possibilidade de serviços de assinatura serem renovados sem intervenção humana e sem a necessidade da intermediação de algum agente financeiro, a custos extremamente baixos.

Apesar desses e de vários outros benefícios que poderão ser colhidos com a implementação das CBDCs, alguns críticos dizem que essa novidade poderá ampliar o controle do Estado sobre as transações realizadas pelos indivíduos, o que pode ser um grande problema em nações que, notadamente, são conhecidas pelo cerceamento das liberdades individuais (tal como a China). Um exemplo de uso negativo dessa tecnologia poderia ser a impossibilidade de se pagar por conteúdo produzido por jornais e veículos de notícias estrangeiros usando o Yuan Digital chinês, devido à política de controle de informação do país. O tempo dirá como, de fato, a população de cada país será impactada por esse novo elemento no mercado financeiro, tanto positiva quanto negativamente.

CBDCs e criptoativos estão, cada vez mais, se tornando peças integrantes do novo mercado financeiro, sendo que o último grupo deixou, de vez, o obscurantismo de antigamente, quando o Bitcoin era muito associado a atividades ilícitas na internet, e estão até sendo ofertados por bancos tradicionais. Porém fica claro que um dos principais responsáveis – se não o principal –

por essa virada de chave foram os clientes. Vale frisar que a demanda pelos criptoativos veio de baixo para cima, sendo puxada pelo grande apetite de consumidores ávidos por participarem desse fascinante (e lucrativo) mercado. Tudo isso, de certa forma, forçou os bancos a reavaliar seu posicionamento e a dar esse acesso, sob o risco de perderem uma parte dos investimentos desses indivíduos para provedores alternativos, como as corretoras de criptomoedas. Contudo, é importante dizer que, no momento, estamos vendo as instituições tradicionais provendo para os seus clientes (na grande maioria dos casos) uma forma de exposição indireta ao Bitcoin e às *altcoins*, mas isso, por si só, já é um bom começo.

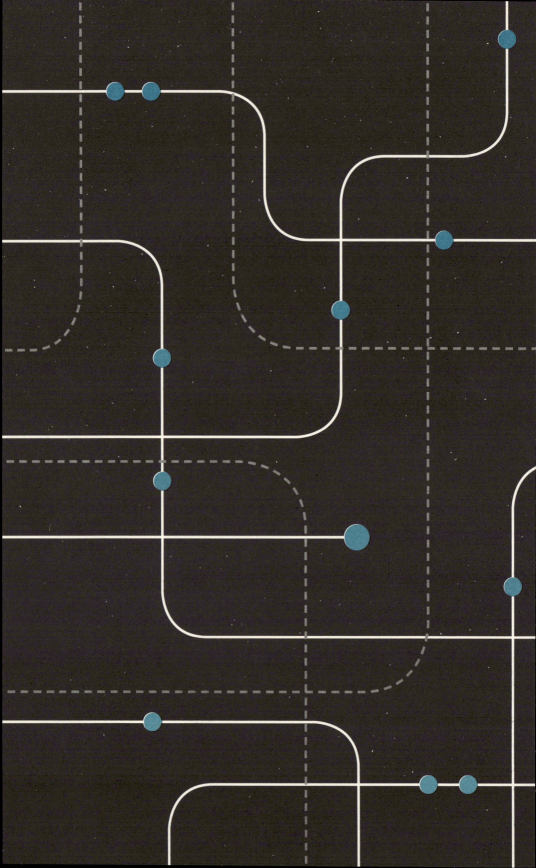

5
O NOVO JOGO FINANCEIRO

Nos capítulos anteriores apresentei diferentes elementos que formam as bases da revolução que estamos presenciando no mercado. Essas informações estão nos movendo em direção a uma nova lógica à medida que os diferentes elementos são conectados.

Antigamente, tínhamos apenas os bancos e outras instituições tradicionais na arena dos serviços financeiros, depois chegaram as fintechs e agora esse espaço está sendo ocupado por varejistas, companhias telefônicas, players do mercado de tecnologia, enfim, praticamente qualquer empresa. Esse movimento mais recente é viabilizado por alguns prestadores de serviços específicos, como os provedores de Banking as a Service, empresas que estão captando altas cifras em investimentos e ganhando crescente popularidade mundo afora.

Hoje, os novos entrantes com os quais nos deparamos estão redefinindo os antigos limites relacionados à oferta de soluções financeiras. Estamos sendo inseridos em uma realidade mais ampla que envolve o conceito da plataformização (ideia que nasceu dentro da internet). Esse conceito conta com a força descomunal das bigtechs e dos superapps, que são referência na criação de ecossistemas de soluções variadas que interagem entre si de forma harmônica e coesa.

A seguir, explorarei os conceitos e os atores por trás desse movimento e alguns elementos que fazem parte das regras do novo jogo financeiro.

BANKING AS A SERVICE E OS SERVIÇOS FINANCEIROS EMBUTIDOS (EMBEDDED FINANCE)

Antes de explicar o que é Banking as a Service (também conhecido no mercado financeiro pela sigla BaaS), acredito que seja importante dar alguns passos para trás e falar da definição de outro importante termo pertencente ao mundo de tecnologia, o Software as a Service (ou SaaS). Em tradução para o português, esse termo significa "Software como serviço", ou seja, um modelo no qual um programa de computador ou aplicativo não é vendido como um produto como acontecia no passado, quando íamos a uma loja e comprávamos um CD para instalarmos um software em uma máquina, por exemplo. Em vez disso, no modelo SaaS, a solução é vendida como um serviço no qual o cliente paga uma assinatura para utilizar por um determinado período, ou paga conforme o consumo (variando de acordo com a frequência de uso). O software fica baseado na nuvem (hospedado de forma remota), e os clientes podem acessar a solução via internet. O formato é muito utilizado pelas startups atuais, incluindo grandes nomes do mundo da tecnologia, como o Google, a Microsoft, a Netflix, a Amazon, entre outros.

> O Banking as a Service pega a característica "sob demanda" das ofertas na nuvem que encontramos no Software as

a Service e traz para o contexto do mercado financeiro. Isso possibilita que praticamente qualquer empresa forneça serviços financeiros aos seus clientes de forma fácil, ágil e escalável, sem a necessidade de desenvolver toda a infraestrutura necessária do zero.

Os provedores de BaaS fornecem soluções de tecnologia e de interface regulatória, sendo um grande atalho e, muitas vezes, a alternativa mais viável do ponto de vista de custo-benefício para quem quer começar a ofertar serviços financeiros. Isso porque é bem mais demorado e caro construir todo o aparato tecnológico dentro de casa e tirar as licenças específicas para rodar sua operação de "banco digital", ou de fintech, do que terceirizar o esforço para essas companhias especializadas. Estamos falando do fornecimento de "infraestrutura bancária como serviço" e, em meio às suas ofertas, encontramos soluções de fácil consumo (geralmente feitas através de integrações via APIs) que permitem emissão de cartões, criação e gestão de contas digitais, oferta de soluções de crédito, viabilização de estruturas de pagamentos, entre outros.

É frequente que as alternativas sejam modulares e que possuam certo nível de personalização, o que também torna a oferta atrativa, além de ser comum contarem com a expertise trazida por empresas que já viram todo tipo de potenciais problemas em suas diversas implementações. Desse modo, um empreendedor consegue reduzir o custo, o tempo e a complexidade de colocar de pé uma operação de uma nova fintech ou adicionar soluções financeiras a uma empresa já existente. Assim ele é capaz de focar em trazer novos modelos de negócio ao mercado, experimentando e testando possibilidades que podem abrir múltiplos caminhos para os consumidores. Além disso, com a parte da infraestrutura resolvida, as empresas que fazem uso do BaaS podem concentrar seus esforços na melhoria da experiência em seus aplicativos, nas estratégias de aquisição de usuários e no atendimento, por exemplo.

Existem diversos tipos de ofertas de provedores de BaaS, variando de acordo com sua complexidade ou especificidade. Segundo a consultoria KoreFusion,[22] podemos categorizar as ofertas em:

- **Apenas licença bancária:** nesse caso, o provedor de serviços dá suporte apenas na viabilização de negócios no mercado financeiro, do ponto de vista regulatório, em razão de possuir as licenças necessárias para operação junto aos reguladores competentes. Aqui no Brasil, o processo costuma ser chamado de "barriga de aluguel" e envolve parcerias entre a instituição regulada e a não regulada. Esse é um dos formatos mais antigos de BaaS que se tem notícia.

- **Banking & software:** evolução do modelo anterior, que oferece apenas licença bancária. Aqui, adiciona-se também

---

[22] SMITH, J.; WALLRAFF, M. Embedded Finance: This Decade's Largest Creator of Value. **KoreFusion**, 8 jul. 2021. Disponível em: https://korefusion.com/embedded-finance-this-decades-largest-creator-of-value/. Acesso em: 21 ago. 2021.

uma plataforma tecnológica própria do provedor, facilitando os processos e aspectos operacionais e regulatórios decorrentes da parceria.

- **Focada em pagamentos:** soluções que abrangem pagamentos diversos, incluindo emissão de cartão, compensação de pagamentos, pagamentos internacionais, desembolsos e gateways de comércio eletrônico. Essa oferta também é conhecida como Payments as a Service (ou PaaS).

- **Especialidades diversas:** com foco em produtos específicos da oferta financeira (como seguros, empréstimos, corretagem etc.). Nesses casos, encontramos possibilidades ao "plugarmos" produtos singulares a diferentes empresas, ampliando seu portfólio. Por vezes, vemos nomenclaturas (em inglês) que variam de acordo com o tipo de solução oferecida como serviço, daí temos siglas como CaaS (Credit as a Service), IaaS (Insurance as a Service), e por aí vai. Em uma categoria mais abrangente desse nicho, é comum vermos o nome Fintech as a Service (FaaS) para denominar o grupo. A parte de pagamentos ficou separada dessa categoria por se tratar de uma ampla (e importante) vertente do mercado financeiro.

- **BaaS Tech:** ofertas de diversas soluções especializadas dentro do universo BaaS, podendo abranger plataformas e/ou funcionalidades que melhoram elementos como experiência do usuário e prevenção contra fraudes, por exemplo. Aqui também se encontram empresas que se intitulam provedores de modernas plataformas de core banking, sistemas que operacionalizam e integram os diferentes processos que sustentam uma companhia que atue na área financeira.

- **Full Stack:** funcionalidades completas, de ponta a ponta, abrangendo as mais diversas necessidades para viabilização da atuação no mercado financeiro. Aqui vemos provedores que podem combinar múltiplas funcionalidades exploradas anteriormente. Esse é um posicionamento de one stop shop, ou seja, os clientes podem encontrar tudo de que precisam em apenas um lugar.

Várias fintechs utilizam serviços de Banking as a Service, o que tem facilitado o crescimento desses players, visto que antigamente poderia levar um bom tempo apenas para construir a infraestrutura tecnológica básica e resolver os aspectos regulatórios para possibilitar a atuação. Contudo, é importante termos em mente que há um mercado potencial ainda maior quando vemos a utilização do BaaS por empresas já estabelecidas que buscam embutir serviços financeiros no seu portfólio de soluções. Esse processo, que tem sido chamado no mercado de embedded finance, é um dos pilares da nova lógica financeira.

No final de 2019, Angela Strange, sócia do fundo de capital de risco Andreessen Horowitz, afirmou na a16z Summit, conferência do fundo do qual faz parte,[23] que, em um futuro não muito distante, quase todas as empresas obterão uma parte significativa de sua receita com serviços financeiros. Ela completa dizendo que, assim, as empresas serão capazes de servir melhor seus clientes, retê-los melhor e gerar mais margem. Uma consequência positiva do fato atingirá diretamente os consumidores, pois, com o surgimento de novas empresas ofertando serviços

---

[23] STRANGE, A. Why every company will be a fintech company. **Andreessen Horowitz.** Disponível em: https://a16z.com/2020/01/21/every-company-will-be-a-fintech-company/. Acesso em: 21 ago. 2021.

financeiros – e algumas de nossas marcas favoritas lançando tais serviços –, as soluções existentes ficarão cada vez melhores, mais acessíveis para cidadãos em todo o mundo e mais amadas por seus consumidores.

> **Segundo dados[24] publicados em conjunto pelas consultorias Rainmaking e Finnovista, o embedded finance oferece uma nova oportunidade de mercado muito grande, com valor potencial de mais de 7 trilhões de dólares até 2030, duas vezes o valor combinado dos trinta maiores bancos do mundo atualmente.**

Alguns especialistas como Matt Harris, sócio do fundo Bain Capital Ventures, possuem uma visão intrigante em relação ao tema. Segundo Harris,[25] fintech seria a mais nova plataforma tecnológica do mundo digital, deixando de ser apenas um segmento próprio isolado. Desse modo, a funcionalidade financeira

---

24 TORRANCE, S. Embedded finance: $7 trillion game-changing opportunity for incumbents. **Rainmaking**. Disponível em: https://discover.rainmaking.io/embeddedfinance. Acesso em: 21 ago. 2021.

25 HARRIS, M. Fintech: the fourth platform - part one. **Forbes**, 19 nov. 2019. Disponível em: https://www.forbes.com/sites/matthewharris/2019/11/19/fintech-the-fourth-platform-part-one/. Acesso em: 21 ago. 2021.

se converte em uma camada digital que permite a criação de novos negócios relacionados a "trocas de valores", juntando-se a outras grandes plataformas de desenvolvimento como a internet (que foi a primeira e trouxe a conectividade), a computação na nuvem (que foi a segunda e desbloqueou inteligência na forma de poder computacional consumível, proporcionando escalabilidade para aplicações SaaS) e o *mobile* (que foi a terceira e tornou a ubiquidade algo real, ou seja, a possibilidade de utilizar soluções digitais em qualquer lugar em que estivermos). Assim, fintech (como funcionalidade entregue pelos provedores de BaaS) se torna a quarta plataforma de desenvolvimento do mundo digital.

Quando falamos em embedded finance, temos um vasto universo de serviços financeiros que podem ser embutidos nas empresas, desde crédito até seguros, passando por pagamentos e outras diversas soluções que encontramos no mercado financeiro. O grande ponto aqui é a forma como o produto se encaixa no contexto no qual o cliente se encontra (mobilidade ou saúde, por exemplo) e na jornada que ele está desempenhando (realizando uma corrida via aplicativo ou fazendo um check-up de rotina). A partir daí, podemos conectar serviços inteligentes (pagamento invisível ou contratação de seguros completamente personalizáveis ao final de uma consulta, por exemplo) que fazem parte de grandes categorias (pagamentos e seguros). Como podemos ver, a questão contextual é muito importante e se conecta com o conceito de *contextual banking* que exploramos no capítulo 3.

ANTIGAMENTE, TÍNHAMOS APENAS OS BANCOS E OUTRAS INSTITUIÇÕES TRADICIONAIS NA ARENA DOS SERVIÇOS FINANCEIROS, DEPOIS CHEGARAM AS FINTECHS E AGORA ESSE ESPAÇO ESTÁ SENDO OCUPADO POR VAREJISTAS, COMPANHIAS TELEFÔNICAS, PLAYERS DO MERCADO DE TECNOLOGIA, ENFIM, PRATICAMENTE QUALQUER EMPRESA.

As jornadas no embedded finance: de contextos da vida a produtos financeiros

Números	Contexto de vida	Jornadas	Serviços inteligentes	Produtos financeiros
23 trilhões de dólares em vendas globais	Varejo	Pagamento ou financiamento de compras	Escolha inteligente de cartões de crédito	Cartões e contas digitais
1 bilhão de carros de passeio	Carro	Compra, seguro, manutenção e uso do veículo	Seguro de automóvel baseado em km rodado	
2,2 bilhões de residências	Casa	Encontrar, comprar e proteger a casa	Calculadora para avaliar capacidade de compra de uma casa	Empréstimos
1,7 bilhão de estudantes	Educação	Planejar a educação dos filhos	Mudança automática de provedores de utilidade pública	Depósitos
7,9 bilhões de pessoas	Saúde	Proteger a saúde.	Arredondamento de compras e aplicação automática da diferença (round-up)	
110 trilhões de dólares em ativos sob gestão	Finanças	Planejar a aposentadoria.	Replicação de portifólios de investimento	Investimentos
			Contribuições inteligentes em planos de aposentadoria	
420 milhões de PMES	Negócios	Abrir e administrar um pequeno negócio.	Financiamento de estoque, sob demanda	Seguros

O NOVO JOGO FINANCEIRO

Apesar de embedded finance ser uma categoria ampla que dá nome a qualquer serviço financeiro embutido, o mercado nomeou cada grande grupo de soluções financeiras embutidas como embedded mais o nome do produto em inglês. Assim, temos nomes como *embedded payments* e *embedded insurance*, por exemplo. A partir de alguns desses grandes grupos, podemos ver surgir funcionalidades específicas que acabam se tornando nomes muito conhecidos no mercado. Como é o caso da modalidade *Buy now, pay later* (BNPL), que é uma aplicação dentro do mundo do *embedded lending* que possibilita que um cliente tome uma operação de crédito direto ao consumidor no check-out do carrinho no e-commerce, parcelando suas compras. Apesar de ser algo com que estamos acostumados aqui no Brasil (por ser ofertado há anos por grandes redes varejistas na forma de crediário), ele está ganhando muita força em outros mercados, nos quais a modalidade é incomum (e pelo fato de ser realizado de forma digital e sem fricção no processo).

CASE – TRYBE

Há muitas possibilidades de criação de soluções financeiras inovadoras embutidas nas mais diversas jornadas em praticamente qualquer segmento. Para provar isso, temos um exemplo no mercado educacional brasileiro desenvolvido pela edtech Trybe.

A Trybe é uma escola de programação fundada em 2019 que forma novos desenvolvedores de software, um mercado que sofre com a falta de mão de obra qualificada. Um dos principais apelos da startup para seus estudantes é uma modalidade de pagamento chamada de "Modelo de Sucesso Compartilhado"

(MSC), na qual o aluno só paga as parcelas do curso se estiver empregado e ganhando uma remuneração mínima definida pela escola. A partir desse momento, ele passa a pagar uma fatia percentual fixa de seu salário até quitar o compromisso (que possui um valor final mais alto do que as alternativas tradicionais de pagamento à vista ou parcelado ao longo do curso). No MSC há, inclusive, a interrupção do pagamento caso o aluno perca o emprego, sendo retomado quando ele conseguir uma nova vaga.

O modelo não é novo e lá fora tem o nome de *income-share agreement* (ISA) e é usado por escolas como a Lambda School (dos EUA) e a Henry (Argentina), que também estão incorporando serviços financeiros em ofertas de produtos para atender às necessidades educacionais críticas. Como próximo passo, a Trybe tirou licença para se tornar uma Sociedade de Crédito Direto (SCD), entidade regulada pelo Banco Central que possibilita a oferta de crédito direto pela startup, sem a necessidade de intermediários. Além da criação de novos produtos de financiamento estudantil para os alunos, a edtech ofertará contas digitais, antecipação de salário e de imposto de renda e outros serviços que se encaixem nas jornadas do seu público-alvo. São interessantes oportunidades que vemos ao aplicarmos a nova lógica financeira.

ENTRAM EM CENA AS BIGTECHS E OS *SUPERAPPS*

As grandes empresas de tecnologia, também conhecidas como bigtechs, já têm olhado, há algum tempo, para oportunidades no setor financeiro. Elas também têm desenvolvido soluções interessantes que proporcionam uma experiência de excelência para seus usuários, além de se encaixarem perfeitamente entre os demais serviços já ofertados por essas empresas. Elas já fazem uso do embedded finance e têm a seu favor uma grande base de clientes (que, em muitos casos, são fãs), marcas fortes, alcance global e expertise na criação de produtos e serviços digitais muito acima da média (que se tornam referência na cabeça dos consumidores).

Segundo o Financial Stability Board (FSB),[26] organismo composto de reguladores de todo o mundo que coordena a implementação de políticas de regulação e supervisão no ambiente financeiro, a expansão das bigtechs no setor financeiro em mercados emergentes e em países em desenvolvimento tem sido mais rápida e mais ampla do que nas economias avançadas. Isso pode ser atribuído, em parte, às condições relativamente inferiores de desenvolvimento do sistema financeiro, combinadas com o crescente uso de dispositivos móveis e níveis mais baixos de inclusão financeira (por uma dificuldade de acesso às soluções providas pelas instituições tradicionais, como os bancos).

---

[26] FINANCIAL STABILITY BOARD. **BigTech firms in finance in emerging market and developing economies**: market developments and potential financial stability implications. 2020. Disponível em: https://www.fsb.org/wp-content/uploads/P121020-1.pdf. Acesso em: 21 ago. 2021.

De acordo com uma pesquisa global da consultoria Bain & Co[27] sobre propensão ao consumo de soluções financeiras via bigtechs, 62% das pessoas entrevistadas nos Estados Unidos estariam dispostas a utilizar empresas como Google, Amazon, Facebook e Apple para resolver os mais diferentes aspectos das suas finanças. Se consideramos a população jovem (entre 18 e 34 anos) do país, esse número sobe para 75%. Olhando para a América Latina e a Ásia, os índices foram ainda maiores. Na China, por exemplo, mais de 89% dos entrevistados estão propensos a usar os serviços financeiros ofertados por gigantes como o Ant Group (companhia ligada ao Alibaba que opera o aplicativo Alipay e outras soluções), o Baidu (principal buscador local), a Xiaomi (popular fabricante de celulares do país) e a Tencent (dona do WeChat).

Falando na Tencent, vale explorarmos melhor a dinâmica de sua principal solução, o WeChat, que trouxe ao mundo a estratégia de superapp, forma de atuação que tem sido bastante comentada e perseguida por diferentes players no mercado.

> **Um *superapp* é um aplicativo que reúne em um só lugar múltiplas funcionalidades, como mensageria, redes sociais, marketplaces, mídia, soluções de entregas, microsserviços diversos, serviços financeiros, entre outras. Assim, vemos**

---

[27] DU TOIT, G.; CUTHELL, K. As retail banks leak value, here's how they can stop it. **Bain**, 18 nov. 2019. Disponível em: https://www.bain.com/insights/as-retail-banks-leak-value-heres-how-they-can-stop-it/. Acesso em: 21 ago. 2021.

> **a oferta de soluções, aparentemente não relacionadas, que são combinadas de uma forma única e conveniente, entregando respostas para as necessidades do dia a dia do usuário.**

De acordo com o relatório WeChat, *shape of connected China*, da consultoria Fabernovel,[28] os principais ingredientes de um *superapp* são a existência de um ponto de acesso único (o aplicativo da companhia), de um ecossistema perfeitamente integrado (no qual os serviços funcionem e se comuniquem de forma harmoniosa entre si) e de uma solução de pagamentos própria (com a qual você pode pagar por tudo que é ofertado dentro e fora do ecossistema). Essa é uma realidade que, praticamente, toda empresa gostaria de vivenciar, na qual ela se converte em uma peça central na vida dos seus clientes; o nível mais elevado que podemos ver dentro da nova lógica. Contudo, essa é uma estratégia bastante difícil de executar e que requer uma enorme escala. O próprio exemplo do WeChat só foi possível devido a uma combinação de fatores próprios à realidade da China. No mundo ocidental já estamos vendo modelos similares, mas nada no nível do que foi criado pela Tencent.

Se tem um lugar no mundo em que as bigtechs estão entremeadas no sistema financeiro, esse lugar é a China, um país frequentemente utilizado como exemplo de ambiente avançado em

---

28 FABERNOVEL. **WeChat**: shape of the connected China. 2019. Disponível em: https://wechatwiki.com/wp-content/uploads/WeChat-shape-of-the-connected-China-Fabernovel.pdf. Acesso em: 21 ago. 2021.

termos de inovações. Isso acontece porque o regulador tem, desde o início, facilitado a expansão dessas empresas para os mais variados segmentos de atuação (ao passo que dificultava a entrada de concorrentes de fora). Contrastando com a realidade das bigtechs ocidentais (sediadas nos Estados Unidos), encontramos uma situação na qual há a necessidade de passar por diferentes processos regulatórios para cada um dos produtos financeiros em múltiplas jurisdições, o que torna o processo muito mais complexo. Além disso, os reguladores de todo o mundo estão, hoje, se questionando se o ingresso massivo no ambiente financeiro feito por esses grandes grupos de tecnologia (que dominam as nossas vidas e são donos das principais plataformas de computação na nuvem do mundo) não pode criar grandes desequilíbrios e concentrações de mercado ainda maiores do que a que vemos hoje em alguns mercados por parte dos bancos. <u>Vale dizer que, mais recentemente, o próprio governo chinês começou a impor restrições à atuação das suas bigtechs no ambiente financeiro, estabelecendo regras mais rígidas e até colocando propostas de desmembramento de áreas de negócios para evitar potenciais riscos para o sistema financeiro</u>. Isso pode ser uma sinalização de que as coisas talvez possam ter ido longe demais – e as autoridades chinesas agora buscam maior controle sobre o crescimento local e internacional dessas companhias.

A PLATAFORMIZAÇÃO DO MERCADO FINANCEIRO

A popularização do BaaS nos mostrou que essas novas abordagens estão prosperando e dando novos contornos à indústria financeira, na qual diferentes papéis podem ser assumidos pelos bancos, empresas e fintechs. Essa abertura de visão e de possibilidades no

HÁ MUITAS POSSIBILIDADES DE CRIAÇÃO DE SOLUÇÕES FINANCEIRAS INOVADORAS EMBUTIDAS NAS MAIS DIVERSAS JORNADAS EM PRATICAMENTE QUALQUER SEGMENTO.

setor acabou trazendo mais uma tese interessante que está ganhando corpo mundialmente, o Banking as a Platform (ou BaaP).

O conceito de plataformas no mundo da tecnologia foi possibilitado graças às APIs e se baseia na construção de um ecossistema integrado de negócios no qual múltiplos agentes criam soluções que são ofertadas dentro de um mesmo ambiente. Grandes empresas de tecnologia como a Amazon e o Google formaram seus impérios dessa forma, acabando por influenciar também outros segmentos.

O Banking as a Platform bebe nessa fonte e se traduz em um modelo no qual o banco (ou outra instituição financeira) agrega serviços digitais de terceiros ao seu portfólio, ofertando-os em seus canais. Nesse pacote não estão incluídos apenas produtos financeiros, mas outras soluções diversas que podem facilitar a vida do cliente final. Em plataformas assim, podemos também ter a presença de provedores de BaaS e FaaS habitando esse ecossistema.

O neobank britânico Starling Bank é um exemplo de instituição que definiu o seu modelo de posicionamento como o de uma plataforma que resolve múltiplas dores dos seus clientes. Sua interface para empresas possui integrações com soluções de terceiros que vão desde seguro contra inadimplência de faturas emitidas até aplicativos para gestão de recursos humanos e ferramentas de assessoria jurídica, entre várias outras.

Falar sobre a adoção de uma estratégia de BaaP é bem mais fácil do que executá-la, especialmente quando olhamos para a realidade dos grandes bancos que carregam o peso do seu legado (antigas infraestruturas tecnológicas da instituição) e possuem um caminho longo no sentido de reestruturarem as operações e fazerem a transição para o novo contexto. É bom ressaltar, contudo, que uma boa parte do alto escalão está ciente dessa necessidade de mudança.

Em 2021, a The Economist Intelligence Unit[29] conduziu uma pesquisa junto a 305 executivos globais do mercado financeiro que foram questionados sobre a evolução do modelo de negócios digital dos bancos de varejo. Entre os entrevistados, 47% disseram acreditar que os bancos deverão desenvolver verdadeiros ecossistemas digitais, oferecendo serviços bancários e não bancários próprios e de terceiros para seus clientes e para outras organizações. Já 27% acreditam que as instituições devem manter a própria oferta de produtos e se tornar agregadores de produtos bancários e não bancários de terceiros. Completando as opiniões, 12% acreditam que elas devem desenvolver uma proposta de atuação de nicho para os seus próprios clientes e outros 12% entendem que essas instituições se transformarão em agregadores de produtos e serviços de terceiros (atuando apenas dessa forma).

A maior parte dos executivos da pesquisa (74%, que é a soma dos grupos representando 47% e 27% do total) possui uma visão de futuro que está alinhada com o conceito de Banking as a Platform, e uma grande fatia dentro do grupo espera que os bancos desenvolvam ecossistemas complexos que lembrem a realidade de superapps como o WeChat, os quais precisariam de doses cavalares de tecnologia, espírito colaborativo e encorajamento regulatório para serem, de fato, desenvolvidos até 2025.

A entrada de empresas de diferentes setores (como telecom, tecnologia, varejo, entre outros) no mercado financeiro também vai modificar bastante a percepção dos clientes, que passarão a enxergar boa parte dos serviços financeiros como commodities. É nesse momento em que os bancos que não alterarem sua estratégia correrão sérios riscos.

---

[29] KINGSLEY, J. Branching out: can banks move from city centres to digital ecosystems? **The Economist**, 1 jul. 2021. Disponível em: https://eiuperspectives.economist.com/financial-services/branching-out-can-banks-move-city-centres-digital-ecosystems. Acesso em: 21 ago. 2021.

Será cada vez mais esperado pelos consumidores que as diferentes plataformas com as quais eles se relacionam agreguem e facilitem diversos aspectos da sua vida de forma harmônica, por meio de um ótimo entendimento de seus dados e da oferta proativa realizada nos momentos certos, algo que já exploramos quando apresentei no capítulo 3 o conceito de *contextual banking*.

Os bancos de varejo precisarão ter uma atuação bem mais ampla do que têm hoje, tornando-se uma espécie de conselheiros digitais para as pessoas físicas, sendo capazes de entregar valor inclusive em recomendações de compras ou sugestões de novos restaurantes para o cliente conhecer. Já na linha pessoa jurídica, precisarão estar muito próximos das plataformas de ERP (Enterprise Resource Planning, ou sistemas de gestão integrados) para anteciparem necessidades das empresas e proporem operações com base nas informações processadas e nas projeções geradas em tempo real.

Na era das plataformas, o modelo de atuação se caracteriza muito mais pela conexão do que pelo controle da cadeia de valor, sendo que essa realidade encontra grande sinergia com o ambiente de open finance. Esse atributo, por si só, mexe profundamente com conceitos ainda enraizados nas instituições tradicionais. Em um relatório sobre o tema assinado pela McKinsey,[30] a mensagem sobre os riscos da inação diante desse novo cenário é bem clara: "A mudança raramente é confortável, mas, como a evolução do mercado ilustra, as forças da mudança são inevitáveis. Os bancos estarão mais bem posicionados se anteciparem e definirem a tendência, em vez de travar uma batalha inútil para repeli-la".

---

[30] BRODSKY, L.; OAKS, L. The potential benefits of open banking include improved customer experience, new revenue streams, and a sustainable service model for underserved markets. **McKinsey**, 5 set. 2017. Disponível em: https://www.mckinsey.com/industries/financial-services/our-insights/data-sharing-and-open-banking. Acesso em: 21 ago. 2021.

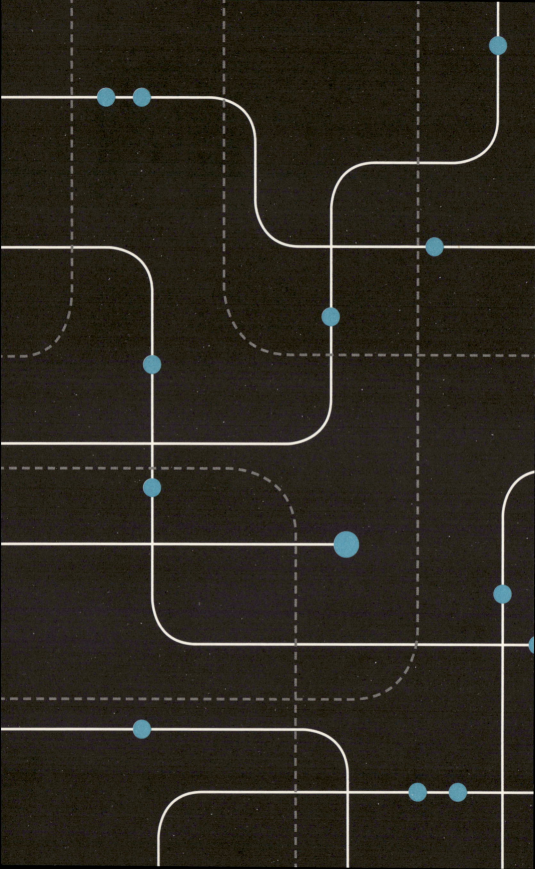

6

DIRECIONAMENTO PARA EMPRESAS RUMO À NOVA LÓGICA FINANCEIRA

Imagino que, neste ponto do livro, já esteja bem claro para você quais são os diferentes aspectos culturais, regulatórios e tecnológicos que estão formando as bases para o mercado financeiro do futuro. Estamos falando de um novo jogo, com mais competidores e possibilidades do que nunca, sendo fundamental para o sucesso, um bom conhecimento do terreno e das dinâmicas que regem as interações que veremos daqui por diante.

A partir deste capítulo, mostrarei os desafios e as oportunidades que se abrem para os diferentes públicos que se inserem na nova lógica financeira, começando pelas empresas. Dessa maneira, você terá um direcionamento dos próximos passos que uma companhia precisa dar rumo a esse novo contexto, verá exemplos do que está sendo feito por negócios em diferentes segmentos, conhecerá os provedores que podem ajudar nessa jornada e identificará se este é o momento ideal para sua empresa fazer esse movimento.

OPORTUNIDADES À VISTA

O mercado financeiro nunca esteve tão democrático quanto nos dias de hoje, ainda mais depois que vimos o desenvolvimento do Banking as a Service e, por consequência, do embedded finance, apresentando múltiplas formas com as quais podemos consumir serviços financeiros via diferentes empresas nos mais diversos setores (o oposto de uma realidade mais limitada e menos plural na qual os bancos eram os protagonistas no espaço financeiro).

As oportunidades são vastas, bem como as razões pelas quais as empresas deveriam considerar aderir a esse movimento. Para facilitar a visualização, explorarei as seis principais razões que justificam o embarque no mundo do embedded finance.

1) MAIOR RETENÇÃO E FIDELIZAÇÃO DO CLIENTE

Ao seguir esse caminho, uma empresa consegue servir o seu cliente de forma mais ampla, podendo levar o usuário a utilizar mais a sua plataforma, consumindo, assim, uma variedade maior de produtos e serviços de maneira mais frequente. Assim é possível conseguir recorrência e, ao longo do tempo, uma maior fidelização do cliente.

> **Exemplo**
>
> Segundo artigo publicado pelo fundo de capital de risco Saison Capital,[31] que tem no embedded finance sua principal tese de investimento, produtos como pagamentos e empréstimos estão associados à retenção e aderência do usuário. Negócios digitais B2B (ou seja, no qual a empresa vende para outras empresas) que ofertam empréstimos e adiantamentos para vendedores que operam em sua plataforma (tal como fazem a Amazon, o Mercado Livre, o Shopify e o Magazine Luiza) são bons exemplos.

No mundo B2C (no qual as empresas ofertam soluções para pessoas físicas) isso também é válido. Um dos maiores casos vem da Apple através de suas soluções próprias de pagamento (como o Apple Card) e do parcelamento na compra de novos produtos, destravando condições especiais, ao mesmo tempo que cria

---

[31] YANG, C. J. Embedded Finance product priorities for non-fintech companies. **Saison Capital**, 14 jan. 2021. Disponível em: https://medium.com/saison-capital/embedded-finance-product-priorities-49583a55b038. Acesso em: 21 ago. 2021.

elementos de aproximação com a marca, conveniência e fidelidade junto à sua base de consumidores.

2) MAIOR ENTENDIMENTO DO SEU CLIENTE E DE SUAS NECESSIDADES

Mantendo a observância às leis vigentes relacionadas à proteção de dados (agindo sempre no melhor interesse dos consumidores e dentro daquilo que é permitido por lei), há também oportunidades interessantes ao se extrair insights baseados no comportamento do cliente ao consumir os serviços financeiros e não financeiros ofertados. Cada dado conta uma história e a combinação dos diferentes dados abre um panorama mais claro e abrangente sobre um determinado público, derivando entregas melhores e mais assertivas. Por consequência, a empresa amplia o seu conhecimento acerca do consumidor e pode customizar as soluções oferecidas e até criar propostas bastante específicas no mercado.

> **Exemplo**
> A quantidade e a qualidade dos dados também podem ajudar a reduzir os riscos inerentes presentes na prestação de serviços como empréstimos em um dado segmento. Companhias como o iFood possuem um conhecimento muito acima da média em relação às operações dos restaurantes atendidos com seus serviços de entrega. São informações valiosas às quais muitos bancos não têm acesso: frequência de pedidos e nota do restaurante segundo avaliação de seus clientes. A leitura dessas

> informações, somadas ao entendimento dos momentos nos quais o estabelecimento demanda os serviços financeiros que o iFood oferece, ajuda a melhorar cada vez mais a concessão de crédito por parte da startup, guia a expansão de portfólio de soluções e eleva a qualidade geral da entrega.

Outro exemplo do qual gosto muito foi dado por Fred Amaral, diretor-geral da empresa Dock, de Banking as a Service, em um evento no qual conversei sobre o tema.[32] Ele mencionou o caso de um cliente da Dock que atua no mercado de venda direta de produtos cosméticos e que tem um modelo no qual repassa os produtos para revendedoras que realizam a venda para o cliente final. Para melhorar a experiência de cobrança por parte das revendedoras (que anteriormente era feita de forma fiada ou por boleto), a empresa entregou uma maquininha que aceita cartão, Pix, divide a compra em parcelas etc. Como a maquininha gera recebíveis que precisam cair em algum lugar, logo foi criada uma conta digital para a revendedora poder receber os frutos de sua venda e, em alguns casos, até se bancarizar. Em um exercício de pesquisa da empresa sobre quais seriam os principais anseios na vida pessoal de suas revendedoras, foi identificado que a reforma do banheiro da casa era um desejo compartilhado pela grande maioria. Além disso, a empresa teve uma sacada de desenvolver um novo produto financeiro em cima da estrutura que já tinham construído e passar a viabilizar crédito (via parceiro que provê

---

[32] EMBEDDED Finance: o fenômeno que está transformando empresas em bancos. 2021. Vídeo (32min19s). Publicado pelo canal Conductor – Now We're Dock. Disponível em: https://www.youtube.com/watch?v=mAJfQFqSgCE. Acesso em: 21 ago. 2021.

O MERCADO FINANCEIRO NUNCA ESTEVE TÃO DEMOCRÁTICO QUANTO NOS DIAS DE HOJE, AINDA MAIS DEPOIS QUE VIMOS O DESENVOLVIMENTO DO BANKING AS A SERVICE E, POR CONSEQUÊNCIA, DO EMBEDDED FINANCE, APRESENTANDO MÚLTIPLAS FORMAS **COM AS QUAIS PODEMOS CONSUMIR SERVIÇOS FINANCEIROS VIA DIFERENTES EMPRESAS NOS MAIS DIVERSOS SETORES.**

Lending as a Service) com garantia nos recebíveis da venda dos cosméticos, com o objetivo específico de reformar o banheiro. A adesão foi às alturas! É importante dizer que há, também, nesse caso, uma parceria com uma empresa de material de construção para vender os materiais para a reforma em condições especiais.

3) NOVAS FONTES DE RECEITA E MELHORIA DE ASPECTOS FINANCEIROS

Essa é a razão mais óbvia, sem dúvida. A possibilidade de adicionar mais uma linha de receita advinda da prestação de serviços financeiros, gerando diversificação, é algo bastante objetivo e sempre utilizado como argumento por provedores de BaaS. Contudo, existem diferentes maneiras de entregar soluções que são pouco óbvias e muito intrínsecas à realidade do público atendido pela empresa. Há um caso que citarei adiante que mostra como fazer isso de forma criativa, entregando valor para o seu nicho.

Vale ressaltar que as empresas que adotam o embedded finance conseguem ter um CAC (ou custo de aquisição de clientes, métrica que mostra o quanto um negócio está investindo para conquistar cada cliente) brutalmente mais baixo que os bancos em suas ofertas financeiras, dado que o cliente já está "dentro de casa" e utiliza sua solução principal (não a financeira). De acordo com o fundo de capital de risco Andreessen Horowitz, companhias que sejam players puros do segmento de software podem ampliar de duas a cinco vezes a receita por usuário adotando essa estratégia.[33] O LTV (Lifetime Value, ou seja, o quanto você pode

---

[33] SHEN, K. *et al.* Fintech Scales Vertical SaaS. **Andreessen Horowitz**. Disponível em: https://a16z.com/2020/08/04/fintech-scales-vertical-saas/. Acesso em: 21 ago. 2021.

obter de receita advinda de um cliente ao longo do relacionamento com ele) também é aumentado, visto que existem mais soluções ofertadas por um período maior.

> **Exemplos**
> Especialistas como Matt Harris, sócio do fundo Bain Capital Ventures, costumam exemplificar[34] dizendo que startups que não têm um modelo claro de monetização (assim como o Facebook ou Twitter no começo de suas operações) devem buscar, o quanto antes, formas de embutir soluções financeiras em suas operações. Há também outros casos de startups investidas da Bain Capital Ventures que, há alguns anos, tinham a maior parte de sua receita advinda de prestação de serviços SaaS e que, agora, obtêm 80% do seu faturamento proveniente de serviços de pagamentos (como é o caso da AvidXchange, plataforma de automação de faturas e gestão de contas a pagar).

Há um caso de uso que considero um exemplo de como novas possibilidades podem surgir quando adentramos a nova lógica financeira. Ele também me foi apresentado por Fred Amaral, da Dock. Trata-se de uma Federação Agrícola Estadual que facilitou o processo de pagamento da Guia de Transporte Animal (GTA) através do uso do embedded finance. Mas, antes, vamos contextualizar o assunto. A GTA é um documento oficial e de emissão obrigatória para o trânsito intradistrital e interestadual de animais

---

[34] HARRIS, M. Fintech: the fourth platform - part two. **Forbes**, 22 nov. 2019. Disponível em: https://www.forbes.com/sites/matthewharris/2019/11/22/fintech-the-fourth-platformpart-two. Acesso em: 10 set. 2021.

para qualquer finalidade (abate, recria, engorda, reprodução, exposição, leilão, esporte e outros).[35] A solicitação para emissão da GTA deve ser realizada pelo proprietário dos animais ou por seus representantes. Em uma jornada típica, sem embedded finance, um motorista embarca, por exemplo, dez porcos em um caminhão, junta um documento que comprova que tem dez porcos no veículo e começa seu itinerário. Saindo da fazenda, geralmente ele passava na cidade para emitir a GTA e passava em outro local para pagar a GTA. Vale deixar claro que poderia haver fiscalização no meio do processo, então o motorista era quase que obrigado a fazer um trecho curto e nem sempre tinha uma cidade no caminho. Pagando a GTA, o animal é levado para o abatedouro. Você pode estar se perguntando onde entra o embedded finance em um negócio que nada tem a ver com o financeiro. Bem, foi criada uma experiência, junto à federação agrícola, na qual uma GTA é emitida por um aplicativo e paga com saldo de uma conta ofertada pela federação ou via transferência direta, sendo que, automaticamente, o transportador recebe uma guia paga e um comprovante dentro do próprio aplicativo por notificação, conseguindo apresentar para a fiscalização do estado a quitação da GTA.

> **Com o embedded finance também é possível digitalizar processos e facilitar rotinas financeiras em lugares onde pouca gente olha. Assim, você aumenta a eficiência**

---

[35] SEAGRI. **Emissão de Guia de Trânsito Animal – GTA**. Brasília, 2017. Disponível em: https://www.seagri.df.gov.br/emissao-de-guia-de-transito-animal-gta/. Acesso em: 10 set. 2021.

> **de uma jornada e consegue criar oportunidades de novas receitas que estavam sendo "deixadas na mesa", pois eram específicas demais para serem enxergadas por alguém que estivesse de fora do processo (como os grandes bancos, que não teriam nem expertise nem interesse comercial nisso).**

Em outros casos, é possível tentar puxar para si uma oportunidade financeira que estava sendo feita por alguém do mercado tradicional, por exemplo. Enfim, abrem-se múltiplos caminhos para a criação de novas receitas.

4) EVOLUÇÃO TECNOLÓGICA DO NEGÓCIO COMO UM TODO

À medida que a empresa vai aperfeiçoando sua abordagem dentro da nova lógica financeira, melhor ela vai se tornando do ponto de vista tecnológico e passa a ficar bem mais preparada para aproveitar novas oportunidades no ambiente digital. O próprio exercício de tentar entender os clientes e seus padrões de consumo faz com que a companhia se torne, cada dia mais, orientada a dados – algo imprescindível daqui por diante, ao passo que os dados abertos começam a se tornar uma realidade no mercado financeiro em razão do Open Finance.

A partir daí, o negócio pode evoluir para se tornar uma plataforma capaz de atender as necessidades do seu público, de forma ampla ou, por que não, de forma completa, ao perseguir a estratégia de superapp.

> **Exemplo**
> A Grab é uma startup do Sudeste Asiático, criada em 2012, que tem o propósito inicial de ser um aplicativo de caronas (tal como a Uber), mas expandiu sua atuação em outros segmentos como entrega de comida, compras de supermercado, entrega de logística, plataforma de vídeo sob demanda, reserva de hotel, compra de ingressos, serviços financeiros, entre outros. Uma grande vantagem é sua escala e a capacidade de atingir uma base de clientes altamente engajada no ecossistema Grab, composta de motoristas, passageiros e comerciantes. Também houve o emprego massivo de tecnologia com foco em dados – algo que possibilitou altos níveis de integração entre as ofertas financeiras e não financeiras em sua plataforma, aumentou o grau de customização entregue aos clientes e fez da startup um dos principais superapps da região.

5) ENTRADA MAIS RÁPIDA NO MERCADO DE SERVIÇOS FINANCEIROS A CUSTOS MAIS BAIXOS

Com o argumento da geração de novas receitas para a empresa, a possibilidade de ofertar soluções financeiras com velocidade e a custos relativamente baixos acaba ficando no topo das principais razões para abraçar o embedded finance através da utilização de um provedor de BaaS.

O processo para tirar as licenças necessárias junto aos reguladores, desenvolver tecnologia e contratar e treinar pessoas para abrir uma vertical financeira dentro de uma companhia é bastante caro e extremamente moroso. A troca de experiências com quem já implementou diferentes casos de negócio ao longo do tempo também ajuda muito, sobretudo na visualização de possibilidades, no teste de hipóteses e no rápido lançamento no mercado. De modo geral, os provedores de BaaS conseguem realizar suas entregas em semanas, ao contrário dos meses (ou até anos) que levariam caso seguissem o caminho convencional.

6) POTENCIAL IMPACTO NO VALOR DE MERCADO DA EMPRESA

Essa abordagem, quando bem aplicada, é capaz de criar valor adicional para uma empresa. Isso seria uma consequência direta dos argumentos mostrados anteriormente, sobretudo da entrega adicional de soluções para os clientes, aumentando o Lifetime Value (LTV). Ao todo, a utilização do embedded finance nos Estados Unidos foi cerca de 22,5 bilhões de dólares em 2020 e, segundo analistas[36] de mercado, existe a previsão de que esse mercado gere 230 bilhões de dólares somente no país norte-americano até 2025 e 7,2 trilhões de dólares globalmente até 2030 – o que representará 10% do produto interno bruto (PIB) do planeta até o final da década.

---

[36] KANE, M. R. Late adopters of 'Embedded Finance' must play catch-up fast. **The Financial Brand**. Disponível em: https://thefinancialbrand.com/115829/embedded-finance-banking-as-a-service-baas/. Acesso em: 21 ago. 2021.

Exemplos

Em alguns casos, vemos um fortalecimento tão grande das ofertas financeiras que pode, inclusive, fazer sentido a separação dessa divisão e a criação de outra entidade. Isso se dá quando é possível visualizar um potencial de crescimento ainda maior quando o negócio financeiro é isolado, tornando uma companhia apartada.

O maior exemplo disso foi o movimento de spin-off (criação de uma empresa derivada) que aconteceu quando o Alibaba decidiu agrupar suas soluções financeiras (incluindo o sistema de pagamentos Alipay) dentro da entidade denominada Ant Group.

No Brasil, temos o exemplo do PagSeguro, que era ligado ao UOL (portal do Grupo Folha) e passou por um processo de spin-off, realizando até um processo de abertura de capital na Bolsa de Valores de Nova York (New York Stock Exchange – NYSE).

É importante salientar que as necessidades de ordem financeira têm seu fim nos bancos e outras instituições tradicionais, mas seu início acontece no dia a dia dos consumidores, especialmente em momentos nos quais estão se relacionando com uma empresa. A possibilidade de encurtar a rota e solucionar a necessidade financeira praticamente no instante em que ela é gerada é uma grande vantagem para as companhias que adentram a nova lógica, comparativamente aos players tradicionais.

Como pudemos ver, existem muitas razões para as empresas seguirem a tendência do embedded finance, bem como possibilidades para a adaptação de seus modelos de negócio, visando atender às necessidades financeiras do cliente, agregando valor para ele e para a companhia. Por esse motivo, devemos repensar a ideia de que esse movimento serve apenas para criar "mais um banco digital na praça". Alguns críticos, inclusive, ao abordar o assunto, evocam o fenômeno das paleterias mexicanas, os picolés gourmetizados que se popularizaram por todos os lados nas grandes cidades do país (em muitos casos, sendo vendidos em lojas que tinham esse produto como carro-chefe) e depois desaparecerão pelo excesso de oferta e esgotamento do modelo. Pensar sob essa ótica limita as várias oportunidades que podem ser visualizadas ao se fazer uma análise profunda dos processos internos da empresa, das maneiras como as jornadas dos clientes são capazes de serem otimizadas e do que se busca para o futuro do negócio.

É evidente que a capacidade dos provedores de BaaS, bem como sua experiência e visão, influirá muito no resultado final da solução que está sendo criada e na forma como ela se integra ao negócio. Para isso, é importante conhecermos o ecossistema desses fornecedores e o papel ocupado por eles nessa realidade, algo que se soma à explicação que demos no capítulo 5 sobre as diferentes linhas de atuação desses players. E é exatamente essa visão geral que abordaremos a seguir.

ECOSSISTEMA DE PROVEDORES

O ecossistema dos provedores de BaaS, agentes que são peças fundamentais e responsáveis por impulsionar a nova lógica financeira e transformar o mercado, vem crescendo de forma intensa, em todo o mundo, nos últimos anos. Milhões estão sendo investidos nessas companhias e é crescente o interesse desse nicho por parte dos fundos de capital de risco e demais investidores. O ambiente é bastante dinâmico e já estamos em um estágio que aponta para o surgimento de grandes players (que, inclusive, estão abrindo capital na bolsa de valores) e para um movimento mais acentuado de consolidação no qual vemos cada vez mais fusões e aquisições dentro do setor. Outro movimento comum é a aquisição de provedores de BaaS por fintechs ou por companhias de setores variados (como as varejistas). A razão para isso é o interesse por internalizar a capacidade de desenvolver soluções financeiras, uma decisão estratégica que acaba revelando as ambições de se tornar autossuficiente nesse tema e fazer com que a oferta de tais soluções seja cada vez mais fundamental à operação da empresa.

No cenário internacional, o ecossistema é bem amplo, com destaque para provedores como Marqeta (empresa dos Estados Unidos que realizou recente IPO na bolsa norte-americana de tecnologia, a Nasdaq), Railsbank (do Reino Unido), Solarisbank (da Alemanha), Synapse (baseada em San Francisco, Califórnia), Green Dot (com capital aberto na Nasdaq há mais de uma década) e Galileo (adquirida pela fintech norte-americana SoFi).

Já no Brasil, alguns nomes que vêm ganhando evidência incluem Dock, Zoop (parte do grupo Movile, que é o principal acionista do iFood e de outras empresas de tecnologia), Matera (investida do fundo Kinea, do Itaú), Fitbank (que recebeu aporte do banco J.P. Morgan), Iugu (investida do banco Goldman Sachs), Banco Topázio (que tem a fintech Ebanx de pagamentos internacionais como sócia), Swap, Qesh, Bankly (parte do grupo Acesso, que foi comprado pela fintech Méliuz), Hub Fintech (adquirida pelo Magazine Luiza), Hash, entre outros. É interessante vermos como algumas dessas empresas estão recebendo investimentos estratégicos de grandes bancos tradicionais, outra tendência que mostra que essas instituições estão atentas ao jogo, buscando se posicionar nesse espaço e conectar possibilidades de negócio com outras áreas da entidade (tais como a divisão de grandes empresas atendidas, potenciais usuárias de BaaS).

Com tantos nomes atuando nesse ambiente, o mercado de BaaS presenciará níveis crescentes de competição. Segundo Ron Shevlin,[37] sócio da consultoria Cornerstone Advisors e colunista da *Forbes*, há quatro potenciais consequências esperadas para o futuro:

1. **Os vencedores no espaço BaaS terão modelos de receita adjacentes.** Isso é o que torna o jogo de fintechs, como a Stripe, tão competitivo; eles têm um forte fluxo de receita em Payments as a Service (PaaS) e a expansão para BaaS, com sua solução Stripe Treasury, aprofunda seus relacionamentos com as empresas e cria altas barreiras competitivas para a entrada de competidores.

2. **Os provedores de BaaS se tornarão cada vez mais especializados.** O foco da fintech norte-americana Green Dot no segmento de consumidores de baixa e média renda é um forte atrativo para potenciais clientes que atuam nesse segmento e buscam incorporar serviços financeiros. Assim, os players do mercado BaaS precisarão escolher com cuidado seus campos de batalha.

3. **Algumas empresas do setor deverão criar modelos híbridos de atuação para se protegerem.** Nos Estados Unidos, a Green Dot atua com BaaS e também como um banco digital independente, fazendo suas ofertas já no

---

[37] SHEVLIN, R. Green dot and the future of Banking-as-a-Service. **Forbes**, 15 dez. 2020. Disponível em: https://www.forbes.com/sites/ronshevlin/2020/12/15/green-dot-and-the-future-of-banking-as-a-service. Acesso em: 21 ago. 2021.

formato B2C. No Brasil, temos também a Acesso que faz isso (trabalhando como banco digital Acesso Bank e provendo BaaS com sua divisão Bankly) e o Banco Topázio.

4. **Provedores de BaaS deverão migrar para se tornarem, cada vez mais, provedores de Fintech as a Service (FaaS).** Como vimos no capítulo anterior, FaaS é um termo amplo que trata da habilitação de soluções tipicamente ofertadas por fintechs (que oferecem desde crédito a remessas internacionais, entre outras soluções). Os serviços de FaaS costumam ser buscados por fintechs e até mesmo por bancos que buscam ampliar sua linha de produtos, proporcionando experiências de excelência na contratação destes por parte dos clientes. A tendência é que demandas como essas cresçam ao longo do tempo, levando alguns provedores a atender prioritariamente esse perfil de clientes (em vez de dar foco no **embedded finance** demandado por parte de empresas não financeiras).

Ao buscar um parceiro para prestação de Banking as a Service, é muito importante verificar sua expertise, os cases de negócios já realizados (especialmente se esses fazem parte do seu segmento) e sua capacidade de entrega (conforme os tipos de oferta que mostramos no capítulo 5). Devido à popularização do termo BaaS, algumas empresas estão hoje se intitulando "provedores de BaaS" sem deter a capacidade necessária para tal. Por vezes, funcionam mais como uma equipe de prospecção de negócios, fechando o contrato inicial de implementação e utilizando as capacidades de um provedor de BaaS legítimo para realizar a entrega. Isso precisa ficar bem claro durante as discussões, até para que haja transparência quanto às responsabilidades específicas dos envolvidos.

É bom ter em mente que os consumidores não se importam com quem está prestando o serviço de BaaS, desde que o serviço entregue esteja funcionando e atenda (ou até mesmo supere) suas expectativas. O relacionamento primário do cliente é com a empresa com que ele escolheu se relacionar, e é ela que precisará esclarecer e acalmar o cliente caso algo dê errado (e não o parceiro de Banking as a Service). Por isso, a seleção do parceiro é muito importante, e os procedimentos para lidar com problemas operacionais cotidianos devem ser claros. O nível de confiança precisa ser alto e a relação é praticamente simbiótica.

À MEDIDA QUE A EMPRESA VAI APERFEIÇOANDO SUA ABORDAGEM DENTRO DA NOVA LÓGICA FINANCEIRA, MELHOR ELA VAI SE TORNANDO DO PONTO DE VISTA TECNOLÓGICO E PASSA A FICAR BEM MAIS PREPARADA PARA APROVEITAR NOVAS OPORTUNIDADES NO AMBIENTE DIGITAL.

ESTE É O MOMENTO IDEAL PARA SUA EMPRESA ADOTAR O EMBEDDED FINANCE?

Neste instante, após ver as diferentes razões para embarcar no embedded finance e entender os aspectos dos fornecedores que podem ajudar nessa jornada, você pode estar se perguntando qual seria o momento ideal para uma empresa fazer esse movimento, certo?

A seguir, apresentarei alguns questionamentos que os decisores de uma companhia precisam avaliar antes de seguir adiante. Contudo, vale fazer um contraponto mostrando visões menos otimistas sobre o tema, como o ponto de vista de Eyal Lifshitz,[38] CEO da fintech norte-americana BlueVine, focada na oferta de crédito e outros produtos financeiros para pequenas e médias empresas. Segundo ele, muitas das ofertas realizadas por companhias que embutem serviços financeiros são genéricas (o que não é, necessariamente, um problema em algumas situações, como no caso de processamento de cartões). No entanto, necessidades mais específicas do cliente são difíceis de atender utilizando um fornecedor de BaaS. Nesse cenário, as fintechs puras e alguns bancos saem na frente (pois há um foco contínuo na melhoria do serviço, forçando inovações mais profundas que são muito difíceis de se obter com um parceiro de BaaS). O ponto levantado nos traz uma visão mais crítica sobre o assunto, o que é válido para refletirmos e manejarmos as expectativas.

---

[38] LIFSHITZ, E. Embedded finance won't make every firm into a fintech company. **Tech Crunch**, 12 ago. 2021. Disponível em: https://techcrunch.com/2021/08/12/embedded-finance-wont-make-every-firm-into-a-fintech-company/. Acesso em: 21 ago. 2021.

A consultoria McKinsey[39] aponta algumas perguntas críticas que precisam ser feitas por empresas não financeiras, de diferentes segmentos, antes de seguirem adiante nesse caminho:

- **Adicionar serviços financeiros faz sentido na experiência do usuário ou na jornada que oferecemos? Ou esse é apenas um projeto de inovação sem uma marca forte e sem uma experiência que o justifique?**
- **Conseguimos vencer nossos concorrentes com uma oferta bancária de empréstimo ou de pagamento? Nossa oferta de financiamento integrado atingirá o volume necessário para justificar as despesas da sua construção?**
- **Temos a capacidade técnica e operacional para trabalhar em conjunto com um provedor de BaaS na viabilização das ofertas financeiras? Após implementadas, haverá comprometimento da companhia em realizar investimentos e melhorias contínuas na experiência proporcionada ao cliente?**

Esse é um caminho novo e com vários desafios no qual nem todos terão sucesso. Contudo, vimos vários exemplos de como é possível entregar soluções de excelência que se encaixam perfeitamente no ecossistema de uma empresa. No final, uma conversão bem-feita rumo à nova lógica financeira acaba se provando um divisor de águas na história de um negócio.

---

[39] TOWNSEND, Z. What the embedded-finance and banking-as-a-service trends mean for financial services. **McKinsey**, 1 mar. 2021. Disponível em: https://www.mckinsey.com/industries/financial-services/our-insights/banking-matters/what-the-embedded-finance-and-banking-as-a-service-trends-mean-for-financial-services. Acesso em: 21 ago. 2021.

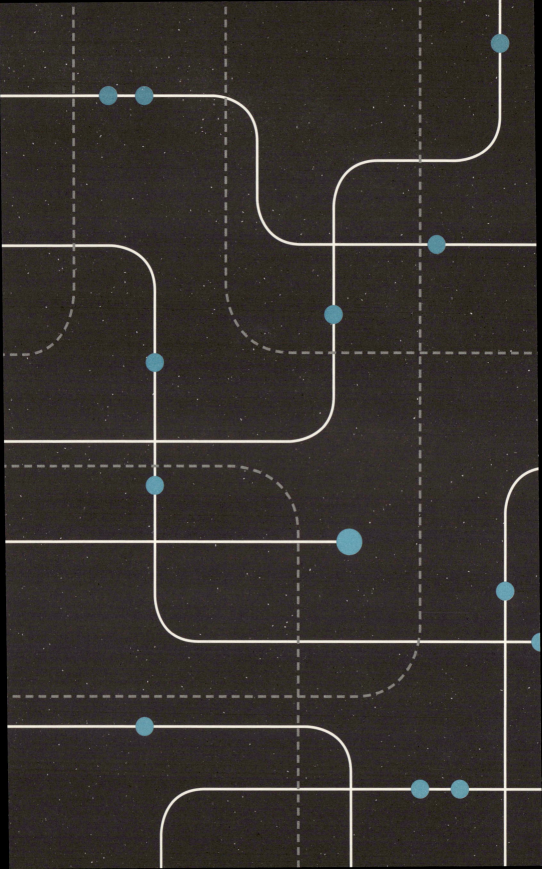

7

OS AJUSTES DE ROTA NECESSÁRIOS PARA AS INSTITUIÇÕES QUE JÁ ATUAM NO MERCADO FINANCEIRO

Considerando as inovações e possibilidades apresentadas até aqui, é possível concluir que estamos diante de um dos maiores e mais rápidos movimentos de transformação da história do mercado financeiro. Após abordar como as empresas podem se posicionar nesse novo contexto, chega a hora de falar sobre como os bancos e demais instituições financeiras podem agir para acompanhar essa transição.

A seguir, você entenderá a forma como os bancos já estão encarando as consequências provocadas pelas inovações (que vêm sendo introduzidas no mercado há alguns anos), saberá quais novos papéis estão surgindo (e que devem ser ocupados pelas instituições financeiras tradicionais) e poderá fazer alguns questionamentos para verificar se, de fato, uma instituição está avaliando adequadamente o lugar que ocupará nessa realidade (e se está direcionando esforços apropriados nesse sentido).

A VISÃO DOS BANCOS SOBRE ESSA NOVA REALIDADE

Não é de hoje que as instituições financeiras tradicionais acompanham de perto a onda de inovações que atingiu o mercado, fruto da combinação de fatores culturais, regulatórios e tecnológicos. Contudo, a princípio, fatos como a ascensão do fenômeno fintech chegaram a ser desprezados pelos dirigentes de alguns bancos que não acreditavam que novos entrantes pudessem conquistar terreno tão rápido. Como reação ao cenário de rápida evolução das fintechs (que se intensificou globalmente a partir de 2010), vários bancos passaram a olhar com mais atenção para o tema "transformação digital" e "corporate venturing"– nomes dados às diferentes formas de relacionamento entre as grandes empresas, as startups e os diferentes agentes presentes no ecossistema de inovação.

A partir daí, vimos o emprego de metodologias ágeis no desenvolvimento de projetos, a criação de hubs de inovação – espaços físicos mantidos pelas instituições que abrigam startups e parceiros tecnológicos –, o enxugamento da rede de agências e do quadro de colaboradores, a criação de braços de capital de risco corporativo (corporate venture capital) – fundos que realizam investimentos em startups – e até mesmo a criação de fintechs, ou de divisões internas que produzem novos projetos inspirados em fintechs, pelos próprios bancos. Em relação a este último caso, temos como exemplo o Marcus (banco digital voltado para pessoas físicas do banco de investimentos Goldman Sachs), a iti (carteira digital do banco Itaú-Unibanco), o Next (banco digital do Bradesco com foco no público jovem), a Sim (fintech do Santander Brasil voltada para empréstimos com foco nas classes C e D), entre outros.

Mesmo com todos esses movimentos realizados pelos players tradicionais, estamos vendo uma diluição do valor de mercado dos maiores bancos globais no mercado financeiro, fato que fica mais visível à medida que as fintechs e outras empresas do setor de pagamentos vão se tornando maiores.

Erosão gradual

500 maiores bancos globais, empresas de pagamento e fintechs*
Percentual de capitalização de mercado

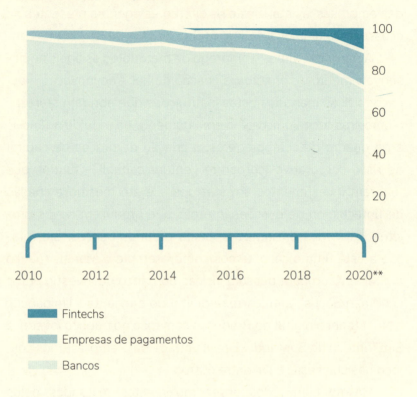

* Valor estimado para fintechs que não possuem capital aberto.
** Em 7 de outubro de 2020.
Fontes: Bloomberg, CB Insights, CNBC, Finextra Research, Reuters, Economic Times of India, Wall Street Journal, The Economist.

De acordo com o gráfico,[40] em outubro de 2020 os bancos passaram a responder por apenas 72% do valor total de mercado do setor financeiro global, ante 81% no início daquele mesmo ano e 96% em 2010. As fintechs e demais empresas de pagamento tiveram uma crescente representatividade no segmento, algo que se intensifica ainda mais depois do impulso digital observado pós-2020.

Diante do cenário da nova lógica financeira, onde ficam menos claras as linhas que separam o mercado financeiro dos demais mercados, visto que empresas de diferentes segmentos passam a ser vistas também como potenciais bancos, um cenário mais desafiador e intrincado começa a ser apresentado às instituições financeiras. Como vimos no capítulo 5, quando apresentei o conceito de Banking as a Platform e a necessidade de se criar um ecossistema de soluções integradas, a alta gestão dos principais bancos já enxerga novos cenários potenciais para a atuação das instituições financeiras nos próximos anos. De todo modo, vale salientar que há um longo e complexo caminho a ser percorrido entre ter ciência do contexto e, de fato, implementar, com rapidez, as mudanças necessárias. Entre as variáveis que precisam ser administradas para que um banco se adapte a esse novo momento, podemos citar a cultura da empresa, os sistemas legados existentes, a dificuldade em promover a redução da estrutura física (diminuir as agências e promover as realocações e desligamentos decorrentes desse processo), entre outras.

---

[40] HOW the digital surge will reshape finance. **The Economist**, 8 out. 2020. Disponível em: https://www.economist.com/finance-and-economics/2020/10/08/how-the-digital-surge-will-reshape-finance. Acesso em: 13 set. 2021.

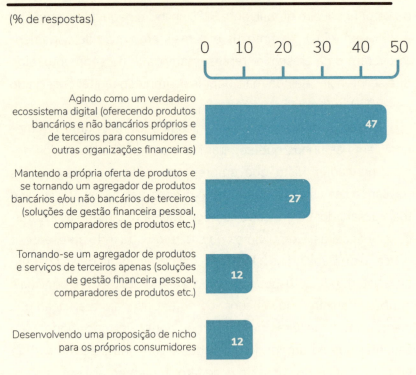

Fonte: The Economist Intelligence Unit.

Uma das conclusões que podemos tirar das respostas dadas no gráfico[41] é o fato de que uma boa parte dos dirigentes dos grandes bancos já consegue entender que eles não precisam distribuir apenas as soluções desenvolvidas dentro de casa (até porque a concorrência está ficando bastante acirrada e não dá para ser bom em tudo). Com isso, o caminho da colaboração com outras instituições e empresas se torna uma prática cada

---

[41] KINGSLEY, J. Branching out: can banks move from city centres to digital ecosystems? **The Economist**, 1 jul. 2021. Disponível em: https://eiuperspectives.economist.com/financial-services/branching-out-can-banks-move-city-centres-digital-ecosystems. Acesso em: 13 set. 2021.

vez mais considerada no mercado. Isso também abre espaço para uma crescente utilização dos serviços de provedores de Fintech as a Service (FaaS) por parte dos bancos, especialmente os de porte médio, para acelerar o lançamento de soluções inovadoras. É bom lembrar que tais serviços já são muito usados por novos bancos digitais, também conhecidos como neobanks, para acelerar o processo de diversificação de produtos ofertados para sua base de usuários.

O ato dos bancos e demais instituições que já atuam no mercado financeiro lançarem mão do serviço de um provedor de FaaS para gerar novas soluções financeiras para seus clientes, e consequentemente novas linhas de receita, é chamado de embedded fintech. A diferença em relação ao embedded finance é que, através da utilização deste último, estamos falando em habilitar a prestação de serviços financeiros por parte de uma empresa não financeira.

> **De forma geral, é necessário termos em mente que os bancos possuem importantes funções neste momento de transição para a nova lógica financeira, devendo realizar alguns ajustes de percurso e podendo explorar novos papéis daqui por diante.**

A seguir, veremos alguns caminhos possíveis para as instituições tradicionais dentro de um cenário financeiro reconfigurado.

POTENCIAIS ESTRATÉGIAS E PAPÉIS A SEREM OCUPADOS

Existem múltiplas possibilidades para as instituições financeiras na nova lógica. Tratam-se de novos caminhos não excludentes, ou seja, a instituição pode seguir mais de uma via entre as que serão mostradas a seguir. Em uma realidade cada vez mais aberta, em termos de integrações entre empresas e colaborações, o comum será vermos a combinação destas abordagens.

1) TORNAR-SE UM PROVEDOR DE BAAS

Um dos papéis que os bancos terão nesse novo contexto é o de atuar como provedores de Banking as a Service. Nesse caso, são as instituições financeiras tradicionais que têm a oportunidade de criar uma linha de receita adicional para o seu negócio, ao mesmo tempo que desenvolvem novas abordagens colaborativas e se tornam mais preparadas para o Open Finance, visto que precisarão evoluir tecnicamente e refinar a qualidade das integrações que realizam com terceiros. Caso não se dedique o suficiente, falhando em perseguir as várias oportunidades que podem surgir, já que esse tipo de abordagem é constantemente refinada, o banco corre o risco de ficar relegado ao papel de uma mera interface regulatória. Essa é uma consequência que pode acontecer, levando a entidade até a vala da comoditização, enfraquecendo a marca. A concorrência nesse espaço está se elevando, pois há diversas alternativas no mercado. Assim sendo, não dá para entrar nesse jogo sem uma visão clara de onde se quer chegar e em quais soluções o banco focará para ter um diferencial competitivo palpável.

De modo geral, vemos bancos de diferentes portes seguindo essa tendência em várias partes do mundo. Entre as instituições de

EXISTEM MÚLTIPLAS POSSIBILIDADES PARA AS INSTITUIÇÕES FINANCEIRAS NA NOVA LÓGICA. TRATAM-SE DE NOVOS CAMINHOS NÃO EXCLUDENTES, OU SEJA, A INSTITUIÇÃO PODE SEGUIR MAIS DE UMA VIA. EM UMA REALIDADE CADA VEZ MAIS ABERTA, EM TERMOS DE INTEGRAÇÕES ENTRE EMPRESAS E COLABORAÇÕES, O COMUM SERÁ VERMOS A COMBINAÇÃO DESTAS ABORDAGENS.

pequeno e médio porte, o Banking as a Service pode se tornar uma unidade de negócio bastante estratégica; alguns bancos chegaram a se especializar tanto nessa vertente que ela se tornou o seu foco principal. Como referências nos Estados Unidos temos o The Bancorp e o Lincoln Savings Bank. O The Bancorp é uma instituição de médio porte do estado de Delaware, pioneira em BaaS e focada neste nicho, sendo provedor de infraestrutura bancária para o neobank Chime (uma das maiores fintechs dos Estados Unidos). Já o Lincoln Savings Bank é uma pequena instituição do estado de Iowa que possui atuação local, mas é bastante conhecida pela sua atividade em BaaS via unidade de negócios batizada LSBX (responsável por dar suporte às operações de fintechs como Square e Acorns).

> Segundo informações do fundo de *venture capital* Andreessen Horowitz e da consultoria 11:FS,[42] instituições norte-americanas que incluíram o Banking as a Service no seu modelo de negócios estão gerando maiores retornos do que aquelas que não o fizeram. Em termos de retorno sobre o patrimônio líquido (ou RoE, Return on Equity, métrica que

---

[42] BETTER banking business models: embedded finance and the path to growth. In: BANKING as a Service: the future of financial services. **11 FS**. Disponível em: https://11fs.com/reports/banking-as-a-service. Acesso em: 13 set. 2021.

indica a rentabilidade de um negócio), os bancos que adotam o BaaS costumam ter esse índice em valores duas a três vezes acima da média do mercado. O retorno sobre ativos (RoA, Return on Assets, que indica a capacidade da empresa de gerar lucro com os ativos que possui) também é maior do que a média para esses players.

Na realidade brasileira há alguns bancos de pequeno e médio porte avançando e concentrando suas energias nesse terreno. Vemos, por exemplo, casos como o da Lecca, instituição que surgiu em 1975 e iniciou a atuação em BaaS em 2014 (viabilizando a operação de diversas fintechs brasileiras), e também como o do Banco Topázio, fundado em 2005 e que provê BaaS desde 2017 (possuindo vários clientes, sendo o Mercado Pago um dos maiores). Outros bancos que apostaram nesse tipo de atuação são o Banco Votorantim (que criou uma plataforma dedicada chamada BV Open e atende o Neon, do qual também é sócio) e o Banco Original (que desenvolveu o Original Hub e viabiliza as operações financeiras do PicPay, empresa que faz parte do mesmo grupo). Em ambos os casos, as instituições possuem um leque variado de produtos, incluindo soluções próprias para pessoas físicas e jurídicas, e começam a entender as oportunidades interessantes que surgem ao ampliar sua atuação através dessa estratégia.

Olhando para os players globais, trazemos inicialmente o exemplo do BBVA, banco espanhol que é considerado um dos mais inovadores do mundo e que se tornou pioneiro entre as grandes instituições ao lançar a Open Platform, unidade de negócios orientada ao BaaS. Desde que lançou a iniciativa, o BBVA passou a prestar serviços para grandes empresas do meio digital, como o Google e a Uber, saindo na frente nesse mercado com uma estratégia bem montada. Já nos Estados Unidos, o Goldman Sachs (um dos maiores bancos do país) colaborou com a Apple na criação do Apple Card, o cartão de crédito da bigtech, sendo a instituição emissora da solução. Além disso, o banco esteve junto à Amazon viabilizando empréstimos de até 1 milhão de dólares que a gigante de tecnologia passou a ofertar aos vendedores que atuam em sua plataforma. Após essas experiências, o Goldman lançou uma plataforma chamada Embedded Consumer Finance, que possui APIs de fácil integração para entrega de serviços financeiros, tendo como primeiros clientes a varejista Walmart e a companhia aérea JetBlue. Tanto o exemplo do BBVA quanto o do Goldman Sachs (em conjunto com a nova realidade imposta pelo Open Finance, seja no seu formato regulado ou como um movimento inevitável de mercado) farão com que outras grandes instituições passem a desenvolver divisões próprias que tenham como foco o Banking as a Service e demais serviços integrados via APIs.

Seguindo essa estratégia, vale dizer que os formatos de parcerias podem acontecer em diferentes níveis e arranjos. Não é incomum vermos bancos provendo infraestrutura (seja regulatória, de pagamentos, empréstimos ou contas) para outros provedores de BaaS do mercado. Lá fora, o The Bancorp viabiliza as operações da Marqeta (fintech de capital aberto na Nasdaq que emite cartões para várias startups dos Estados Unidos) e no Brasil o Banco BV possui parcerias operacionais com os players de BaaS como a Dock, a Swap e a Qesh.

Essa abordagem demonstra como a visão colaborativa e geradora de negócios da nova lógica financeira, aproximando instituições que poderiam ser consideradas concorrentes (em algum nível) dentro de um nicho específico, se apresentará como algo cada vez mais frequente e comum daqui por diante. Muitas vezes, a fintech provedora de BaaS combina sua própria tecnologia com as capacidades da instituição, dando origem a casos de uso inéditos e produtos inovadores. Essa é uma realidade que já acontece no mundo das grandes plataformas de tecnologia, no qual, por exemplo, o consumo do Google Maps (via APIs) pela Uber e pelo Airbnb torna possível o funcionamento de seus incríveis modelos de negócio (fazem com que encontremos no mapa os veículos que nos ajudarão a nos deslocar e os locais nos quais nos hospedaremos). Ver algo parecido tomando forma no mercado financeiro abre um mar de possibilidades em termos de novos empreendimentos que trarão mais facilidades para a vida do consumidor de soluções financeiras.

2) TORNAR-SE UM ORQUESTRADOR DE ECOSSISTEMA

Esse é um caminho que está conectado ao conceito de Banking as a Platform (BaaP), apresentado no capítulo 5. Por isso, detalharei melhor o papel de uma instituição financeira atuando como um "orquestrador de ecossistema". Antes de mais nada, é importante apresentar algumas definições.

Segundo o portal BankingHub, da consultoria alemã Zeb,[43] ecossistemas são uma combinação de vários provedores (gerenciados por um orquestrador) que orientam seus serviços de acordo com as necessidades do cliente (podendo se concentrar em uma ou mais necessidades). Desse modo, os ecossistemas agem como intermediários entre consumidores e vários provedores, sendo também

---

[43] RUPP, C. *et al*. Ecosystems—Definition and success factors. **Banking Hub by zeb**. Disponível em: https://www.bankinghub.eu/themen/ecosystems. Acesso em: 13 set. 2021.

usados pelos múltiplos provedores para conectar seus portfólios de serviços, no sentido de melhor satisfazer as necessidades gerais dos clientes (de forma direta e de ponta a ponta). Devido à interação dos diferentes prestadores, o valor global é caracterizado pelo princípio "1 + 1 = 3", ou seja, o cliente obtém mais valor com a combinação das soluções do que com os serviços prestados individualmente. Isso causa duas grandes mudanças estratégicas:

- **Os bancos não precisam mais ser fortes em todos os aspectos da prestação de serviços; em vez disso, eles podem se concentrar em etapas individuais de criação de valor em seu portfólio.**

- **A maior satisfação do cliente também aumenta a disposição dele de pagar por um serviço mais abrangente (que só é obtido pela forma integrada com a qual o ecossistema funciona), o que acarreta maiores ganhos para os prestadores individuais, mesmo que haja um grande número desses agentes.**

Em ecossistemas digitais mais completos e robustos, podemos encontrar tanto soluções financeiras quanto não financeiras, e o exemplo máximo disso pode ser encontrado nos superapps, tais como o WeChat. Como mostrado no gráfico no início deste capítulo, os bancos estão cientes disso; porém, conseguir implementar, de fato, tal estratégia é bastante desafiador, ainda mais considerando que esse é um terreno no qual players de fora do mercado financeiro também estão entrando – com o diferencial de eles mesmos já serem os provedores de soluções não financeiras bem competitivas, vide o exemplo do Magazine Luiza.

Ser orquestrador de um ecossistema coloca o banco em uma posição na qual ele precisa aprender a desenvolver parcerias de alta qualidade (sendo também atrativas para o parceiro), alinhadas com as necessidades do público e realizando entregas que tenham uma experiência acima da média e sem intercorrências. Povoar um ecossistema é uma dinâmica diferente do que simplesmente adquirir uma empresa e passar a ofertar as soluções usando a própria marca; algo que era o *modus operandi* de antigamente e já se provou não efetivo em várias situações. Aqui podemos ter um caso no qual um parceiro está presente no seu ecossistema e no de outros players também; se ele for bom, as chances de isso acontecer são grandes. Isso o torna cada vez melhor em prestar o seu serviço específico, o que é ótimo para os ecossistemas onde ele atua e para os clientes inseridos neles. Um bom exemplo disso é o caso da fintech britânica Wise, que tem como foco remessas financeiras internacionais, e que é parte do ecossistema de vários bancos digitais (como o N26, Bunq, BPCE, entre outros), mas também faz ofertas diretamente para os consumidores, fora dos ecossistemas. Para os orquestradores é muito mais rápido e econômico seguir esse caminho do que ter que criar, do zero, uma área de remessas internacionais. Para a Wise, há a oportunidade de múltiplos canais de distribuição do seu produto e, quanto mais ela atua nesses ecossistemas, mais eficiente ela se torna. No Brasil, o Nubank fez parceria similar com a fintech Remessa Online, liberando esse mesmo produto para os clientes.

Assim, vários conceitos antigos arraigados na cultura dos bancos precisam ser quebrados para se atingir o nível de maturidade necessário para conseguir atuar dessa forma.

3) DESENVOLVER UMA PROPOSTA DE ATUAÇÃO NICHADA (HIPERESPECIALIZAÇÃO)

Considerando uma realidade na qual os bancos terão que desenvolver uma abordagem de plataforma, criando e fomentando ecossistemas nos quais outros provedores de serviços também atuarão, temos que pensar que um dos caminhos mais claros para vencer diante de tal contexto é desenvolver propostas de atuação nichadas. Assim é mais fácil atender as necessidades de certos grupos com os quais a instituição mais se relaciona, e que possuam características similares para que haja diferenciação em sua oferta – ao oposto de buscar atender "a todos". Isso é particularmente verdade quando nos afastamos da realidade das bigtechs, grandes instituições bancárias e outros grandes grupos (varejistas, empresas de telefonia, entre outros) que, de certa forma, possuem tamanho e base de clientes para voltar seus esforços para um público mais amplo.

No mundo dos *neobanks* e bancos médios, um movimento de hiperespecialização já acontece. À medida que eles amadurecem a atuação, vemos a criação de ecossistemas cada vez mais completos para determinados públicos, oferecendo soluções variadas que vão além das bancárias. Para tal, partimos de soluções financeiras básicas, como uma conta ou carteira digital, atributo básico para um ecossistema, e o player busca, então, desenvolver e povoar um ecossistema ao redor disso. A partir daí, começamos a ver bancos digitais hiperespecializados para públicos como profissionais autônomos (como o *neobank* Lili de Nova York), pequenas e médias empresas (Starling Bank do Reino Unido e Linker do Brasil), público idoso (Agi de Porto Alegre, Brasil), criadores de conteúdo digital (XPO da Europa), e por aí vai. Com o passar do tempo, tais instituições podem passar a nem se apresentar mais como bancos digitais, mas como um "*superapp* voltado para o segmento x" ou uma "plataforma de soluções para o público y".

Como vantagens dessa abordagem, temos a possibilidade de desenvolver parcerias bem mais assertivas, erguer diferenciais junto a nichos nos quais é mais fácil observar quem são seus competidores e baratear os custos de aquisição de novos clientes (CAC), visto que o CAC de um cliente genérico é muito mais alto do que o custo de um cliente com características mais bem delimitadas. Pensando com cabeça de cliente, também não faz sentido, do ponto de vista prático, atuar com muitos provedores diferentes. A tendência é que, caso o cliente opte por abraçar mais de um provedor de soluções, ele use com frequência aquele que mais apresentar respostas às suas necessidades cotidianas.

Como desafio desse caminho, vemos a realidade de Open Finance, no qual o cliente poderá customizar as próprias experiências financeiras com diferentes players, montando, assim, o seu "banco personalizado". Comparativamente, é como quem vai a um bufê e escolhe o que faz sentido para o seu paladar. Por outro lado, os bancos de nicho seriam uma espécie de "pratos feitos" que podem fazer sentido para alguns clientes, sobretudo se tiverem uma combinação saborosa e nutritiva dos alimentos (ou fortes sinergias entre as soluções que ali se encontram). A curadoria do orquestrador, nesse caso, pode fazer toda a diferença.

A INSTITUIÇÃO FINANCEIRA ESTÁ DE FATO SE PREPARANDO PARA A REALIDADE TRAZIDA PELA NOVA LÓGICA FINANCEIRA?

Imagino que depois que um gestor de uma instituição financeira toma consciência de como os diferentes elementos mencionados ao longo deste livro se somam para modificar várias dinâmicas do mercado financeiro – que operavam da mesma maneira por décadas –, um dos primeiros questionamentos que ele pode ter é se o banco no qual trabalha está desenvolvendo as ações necessárias para conseguir se transformar a tempo para o novo cenário competitivo que está se formando.

Antes de qualquer coisa, o principal desafio a ser superado, ainda mais quando envolve mudanças tão drásticas, é cultural. Entender se a alta gestão tem clareza do cenário e dos potenciais papéis que poderão ser ocupados daqui por diante é primordial. A partir daí a questão é compreender o que pode ser alavancado e potencializado, ou seja, quais são as principais capacidades atuais do banco e qual é a distância existente entre essas capacidades e o lugar que o player almeja ocupar.

Ao refletir sobre seguir a rota de se tornar um provedor de BaaS, além de falar a respeito de quais soluções serão prestadas (e como será feito), o quanto a proposta e seus diferenciais serão agressivos e a rapidez com que será construído o aparato tecnológico para sustentar essa operação, a consultoria McKinsey[44] propõe os seguintes questionamentos adicionais:

- **Dado o histórico muitas vezes desafiador de iniciativas digitais e de TI em bancos, podemos realmente nos transformar para oferecer Banking as a Service? Devemos fazer parceria com um provedor de BaaS já existente? Em caso afirmativo, qual seria o impacto financeiro?**

---

[44] TOWNSEND, Z. What the embedded-finance and banking-as-a-service trends mean for financial services. **McKinsey**, 1 mar. 2021. Disponível em: https://www.mckinsey.com/industries/financial-services/our-insights/banking-matters/what-the-embedded-finance-and-banking-as-a-service-trends-mean-for-financial-services. Acesso em: 27 ago. 2021.

- Dentro de quais linhas de produtos e em quais geografias devemos oferecer o BaaS? Se somos o fornecedor dominante de um produto em um mercado, estamos dispostos a fazer uma disrupção em nosso próprio negócio?

- Que vantagem temos em comparação às experiências de usuário integradas que certamente surgirão de varejistas, grandes empresas de tecnologia e outros negócios? Se não perseguirmos o BaaS, temos uma estratégia realista para competir com desafiantes digitais ou para nos defendermos de outros players do mercado bancário que possuem orçamentos maiores que os nossos e que estão dedicados a essas iniciativas?

Os players que buscam levar adiante essa estratégia devem ter uma compreensão realista de sua estrutura de custos e do caminho para a transformação. Eles também devem ver claramente o impacto que um aumento significativo na demanda dos clientes por experiências bancárias integradas terá em seus negócios.

Considerando que o banco busca desenvolver uma estratégia orientada para a criação e orquestração de um ecossistema, a consultoria PWC[45] propõe mudanças fundamentais nos questionamentos que devem ser feitos quando comparados à realidade antiga, conforme exposto a seguir:

---

[45] HUNGHANNS, H.; NIEBUDEK, M. **Platform banking & digital ecosystems**: cooperation with third-party providers as an important factor for providing a wide range of services and products. PwC Study, 2019. Disponível em: https://www.pwc.de/de/finanzdienstleistungen/study-platform-banking-and-digital-ecosystems.pdf. Acesso em: 27 ago. 2021.

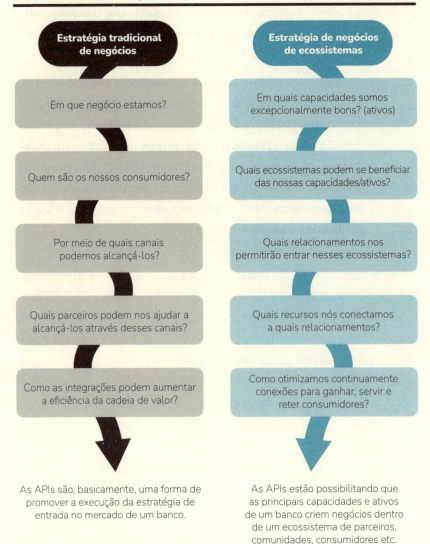

Independentemente da estratégia adotada, nessa nova realidade competitiva as instituições financeiras deverão se tornar mais proativas, transparentes, colaborativas, amplas (em termos da abrangência de suas ofertas financeiras e não financeiras) e abertas. Fundamentalmente, deverão se tornar capazes de entender os dados dos clientes de modo profundo e convertê-los em soluções personalizadas, contextuais e de pouco atrito no consumo; se possível até invisíveis. O desafio é grande, mas esse é o ambiente imposto pela nova lógica financeira, do qual não é possível fugir.

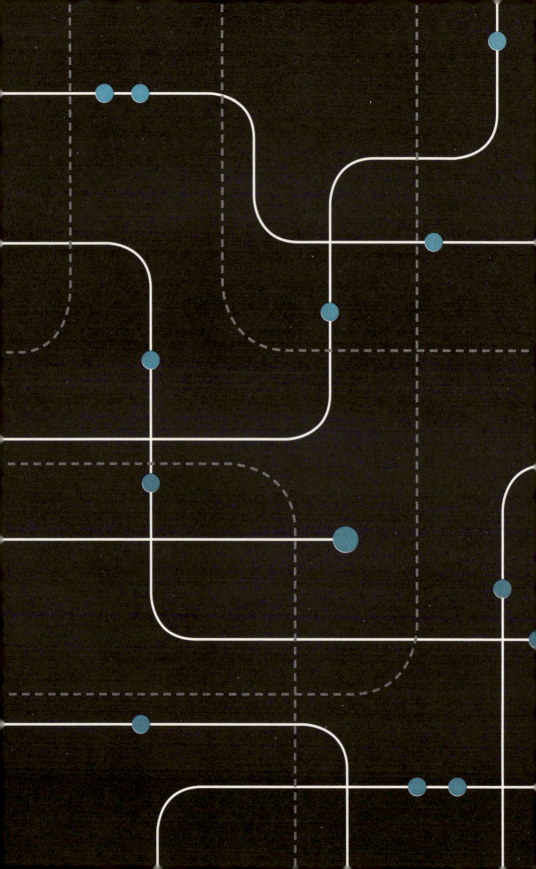

8
MANUAL DE SOBREVIVÊNCIA PARA PROFISSIONAIS DO MERCADO FINANCEIRO

Neste momento, você deve estar se perguntando como ficarão os trabalhadores dos bancos (e demais instituições) que já atuam no mercado à medida que caminhamos para a nova lógica financeira. Ao chegar aqui você deve ter notado que está bem claro que a digitalização diminuirá o tamanho das instituições tradicionais, inclusive quando falamos em número de funcionários. Até aí, nada novo, pois isso acontece há anos e a evolução tecnológica é uma das principais responsáveis por essa evolução, sendo uma aliada na busca constante dos bancos por eficiência. Nas últimas duas décadas, as mudanças comportamentais e alternativas ao sistema financeiro tradicional, como as fintechs e demais players que surgem neste momento de nova lógica financeira, chegaram para completar (e acelerar) esse processo.

O movimento de enxugamento da rede de agências e da estrutura física, como um todo, já é uma realidade e se intensificou ainda mais após 2020. Toda essa estrutura já foi um ativo fundamental para as instituições financeiras em um tempo no qual possuir uma rede que cobrisse um amplo número de cidades pelo país era um fator decisivo para a dominação de um banco no varejo bancário. Além disso, a rede era uma grande barreira de entrada para quem quisesse participar desse jogo, sendo que os processos de fusões e aquisições no setor deram o tom da disputa naquele tempo. Hoje, a nova tônica é ter uma estrutura mais leve, digital e barata para sobreviver no novo ambiente competitivo. Assim, já vemos globalmente uma diminuição de vagas, em especial daquelas voltadas para o atendimento (que segue acontecendo, mas com maior exigência em cima de uma base reduzida de funcionários e através de formatos digitais) e em funções operacionais que podem ser otimizadas por novas tecnologias.

Por outro lado, vemos surgir novas vagas dentro de um mercado financeiro muito maior e que agora se faz presente em diferentes setores. Nesses casos, o perfil dos profissionais passa a ter características diferentes das que estávamos acostumados a ver no velho mercado, e as competências esperadas também passam a ser outras.

Neste capítulo, abordaremos as possibilidades que surgirão para quem já trabalha ou deseja trabalhar no mercado financeiro daqui por diante, qual é o cenário de oportunidades aparentes, as habilidades e os conhecimentos mais procurados pelos contratantes e de que forma eles deverão gerir seus talentos no futuro.

UMA VISÃO MAIS AMPLA DAS POSSIBILIDADES

Quando olhamos para o mercado financeiro, temos uma grande quantidade de profissionais concentrados no banco de varejo (que compreende a rede de agências, contendo trabalhadores com perfil comercial, de atendimento e de áreas internas), mas não podemos nos esquecer de que temos também o banco de atacado (que atende grandes empresas e investidores), que contempla as áreas de análise de ações, trading, estruturação de produtos, banco de investimentos, entre outros. Já mostramos que o lado mais frágil nesse ambiente é o do varejo bancário, sendo, a princípio, o mais diretamente atingido pela nova lógica. Para termos uma ideia de como isso acontece e quais são as posições mais afetadas, trago alguns dados do Caged (Cadastro Geral de Empregados e Desempregados), ligado ao Ministério da Economia, que foram divulgados pela agência de notícias 6 Minutos.[46]

---

[46] PRADO, M. Sai a agência, entra o digital: bancos demitem 3.000 gerentes e contratam analistas de TI. **6 Minutos**. Disponível em: https://6minutos.uol.com.br/economia/sai-a-agencia-entra-o-digital-bancos-demitem-3-mil-gerentes-e-contratam-analistas-de-ti/. Acesso em: 3 set. 2021.

Analisando o período de janeiro a agosto de 2020, no qual vimos medidas de restrição social em todas as partes do país em razão da pandemia de covid-19, houve um saldo negativo de 1.600 postos de trabalho perdidos no setor após a apuração do total de demissões e contratações. Foram eliminados mais de três mil cargos de gerência, sobretudo gerentes de contas de pessoa jurídica e de pessoa física, que representaram metade desses cortes.

As vagas mais eliminadas pelos bancos entre janeiro e agosto de 2020

Ranking de ocupações com maior saldo negativo de postos de trabalho com carteira assinada

1. Gerente de contas (-1,5 mil)
2. Gerente administrativo (-908)
3. Caixa de banco (-607)
4. Auxiliar de escritório (-556)
5. Gerente de agência (-343)

As vagas mais criadas pelos bancos entre janeiro e agosto de 2020

Ranking de ocupações com maior número de postos de trabalho com carteira assinada

1. Analista de sistemas (+1,4 mil)
2. Escriturário de banco (+515)
3. Assistente administrativo (+487)
4. Atendente de agência (+155)
5. Administrador (+148)

Fonte: Caged (Cadastro Geral de Empregados e Desempregados).

Considerando o ranking das cinco ocupações que mais perderam postos de trabalho, encontramos também gerentes administrativos, caixas, auxiliares de escritório e gerentes de agências (atividades pertencentes ao mundo físico do segmento bancário). Já no ranking das contratações, encontramos os analistas de sistema no topo, o que demonstra sinais de avanço do movimento de digitalização das instituições.

Os próximos passos dos bancos, inevitavelmente, passam pela busca por profissionais orientados a dados, engenheiros e especialistas em experiência do usuário, para que ajudem a travar as batalhas trazidas pela nova lógica financeira. Com isso, o mundo físico vai ganhando menos peso ao longo do tempo, e competidores cada vez mais competentes (provenientes de outros setores e com crescente competência tecnológica) ocupam suas posições no tabuleiro. Essa é uma guerra bem diferente daquela na qual a expansão física era decisiva. Vemos agora um jogo de regras atualizadas e que requer trabalhadores que possuam habilidades muito parecidas com aquelas que as startups e outros negócios inseridos no contexto digital também demandariam.

Para os profissionais que se encontram em meio a esse processo de transição do mercado e podem estar pensando em como se adaptar e sobreviver nesse contexto, apresentarei alguns possíveis caminhos a serem seguidos.

ATUAR EM UM BANCO TRADICIONAL "TRANSFORMADO"

Olhando para o varejo bancário e cargos relacionados, as mudanças exigirão um perfil de profissional cada vez mais qualificado, com pensamento crítico aguçado, disposto a se atualizar constantemente, não só sobre assuntos financeiros, e que esteja ciente da nova dinâmica competitiva, na qual o concorrente não é apenas o banco do outro lado da rua. No dia a dia de suas atribuições, vemos a tecnologia se tornando, cada vez mais, uma aliada para potencializar o resultado do seu trabalho. Hoje em dia, sobretudo na área comercial, os profissionais já gerenciam uma carteira de clientes maior do que seus colegas de tempos atrás e, muitas vezes, dispondo de ferramentas que tornam esse processo mais fácil. Vale lembrar que mais ferramentas serão desenvolvidas e incorporadas em seu cotidiano, e elas serão baseadas na análise de dados dos clientes para determinar o momento ideal para um contato, reunião ou atendimento consultivo.

Algumas certificações que eram tidas como diferenciais na indústria financeira (como a CEA, Certificação Anbima de Especialistas em Investimento, por exemplo) passam a virar atributo fundamental para o acesso a uma nova vaga, a permanência na atual (em caso de cortes) ou para uma promoção. Possuir habilidades comportamentais e interpessoais, conhecidas como soft *skills*, bem desenvolvidas também se torna imprescindível para se conduzir, de forma adequada, o relacionamento com o cliente. O cliente de hoje também mudou de perfil; ele é uma figura mais bem informada, já que consome, inclusive, bastante conteúdo especializado em diferentes mídias e possui uma régua alta quando falamos da expectativa em relação a um serviço prestado, visto que tem muitas alternativas e é frequentemente disputado por novos provedores.

Principalmente em alguns segmentos de renda mais alta, nos quais é possível fugir da dinâmica do serviço pouco diferenciado, a relação de confiança e o sentimento de exclusividade provocado no cliente possuem grande peso. Nesse caso, o profissional precisa desempenhar o papel de um conselheiro proativo, que orienta sobre as melhores soluções, com insights sobre o momento do cliente e seus conhecimentos próprios sobre o cenário econômico, agindo, muitas vezes, como um educador e planejador financeiro. Não adianta oferecer um serviço comoditizado ruim e mais caro do que o cliente encontraria lá fora – nesses casos, o argumento de reciprocidade já passa a não se sustentar em muitos casos. Ele não cai mais nessa porque o referencial que possui agora é outro. Vale lembrar que esse portfólio "atualizado" de acordo com a realidade do mercado atual é uma responsabilidade dos bancos e precisa ser condizente com os tempos em que a retenção de clientes é um desafio diário; ainda mais quando falamos de Open Banking, onde ofertas melhores vêm de todos os lados.

O grande ponto ao qual devemos nos atentar aqui é que, por mais que o mercado avance tecnologicamente e os contatos presenciais diminuam, os clientes continuam apreciando um atendimento humanizado, exclusivo e bem-feito. Ao longo da vida, existem momentos-chave em que o cliente precisa tomar decisões complexas; como quando ele vai fazer um financiamento imobiliário, que é um produto que gera um comprometimento de longo prazo e que requer esclarecimento total de quaisquer dúvidas. A base do relacionamento bancário nos seus primórdios era o atendimento de excelência, e ele deve permanecer em situações

O GRANDE PONTO AO QUAL DEVEMOS NOS ATENTAR AQUI É QUE, POR MAIS QUE O MERCADO AVANCE TECNOLOGICAMENTE E OS CONTATOS PRESENCIAIS DIMINUAM, OS CLIENTES CONTINUAM APRECIANDO UM ATENDIMENTO HUMANIZADO, EXCLUSIVO E BEM-FEITO.

nas quais seja possível justificar esse diferencial. Segundo o especialista Ron Schevlin, da consultoria norte-americana Cornerstone Advisors,[47] para a maioria dos consumidores, a conveniência em obter conselhos não está necessariamente ligada a ir até uma agência para falar com alguém, mas sim em ter acesso a tudo o que estiver disponível digitalmente e, ao mesmo tempo, ter uma assistência digital ou assistência humana-digital para realizar alguma transação (seja via troca de mensagens, áudio ou vídeo). Para ele, no futuro, essa ideia de humano mais digital se tornará muito importante.

ATUAR JUNTO A PLAYERS TRADICIONAIS ALTERNATIVOS

Existem também possibilidades dentro de instituições que já eram visualizadas como alternativas aos grandes bancos e que continuam sendo opções de carreira (ainda que, do mesmo modo, estejam passando por transformações).

A começar pelas cooperativas de crédito que, segundo definição do Banco Central,[48] são "instituições formadas pela associação de pessoas para prestar serviços financeiros exclusivamente aos seus associados". Nesse caso, os cooperados são, ao mesmo tempo, donos e usuários da cooperativa, participando de sua gestão e usufruindo de seus produtos e serviços. Além de presenciarem uma crescente utilização dos canais digitais pelos

---

[47] DIXON, S. 4 trends changing the face of banking, from FinTech Expert Ron Shevlin [+Podcast]. **OneSpan**, 6 abr. 2021. Disponível em: https://www.onespan.com/blog/4-trends-changing-face-banking-fintech-expert-ron-shevlin. Acesso em: 3 set. 2021.

[48] BANCO CENTRAL DO BRASIL. **O que é cooperativa de crédito?** Disponível em: https://www.bcb.gov.br/pre/composicao/coopcred.asp?idpai=SFNCOMP&frame=1. Acesso em: 14 set. 2021.

seus clientes e de estarem se preparando para o Open Banking, as cooperativas estão realizando um movimento contrário ao que vemos no mercado de forma geral: ampliaram a presença física[49] e expandiram sua atuação em novos pontos do país.

Na visão dos dirigentes de algumas das principais cooperativas, a rede física ampliada é um diferencial competitivo, visto que a atuação é pautada pela presença nos lugares em que as pessoas precisam dessas instituições (considerando que a prestação de serviços de associados para associados, em um formato sem fins lucrativos, é uma premissa diferente daquela que guia os bancos). Em algumas cidades no interior do país, essas instituições são as únicas presentes, junto aos bancos públicos, no atendimento da população.

Em uma realidade digitalizada, esses espaços físicos se tornam locais para relacionamento, nos quais os cooperados recebem orientação financeira, podem realizar reuniões e utilizar a internet. É bom termos em mente que essa estratégia gera maior senso de pertencimento, já que os associados também são donos da entidade, e está alinhada com a premissa "Phygital", termo usado para descrever a experiência híbrida na qual o mundo físico e digital se complementam. Para profissionais localizados no interior do Brasil, a carreira nas cooperativas terá cada vez mais apelo, ainda mais considerando o ritmo de aumento de suas unidades e a redução do número de agências bancárias.

Já os grupos que realizam antecipação de recebíveis (estruturados como Fundos de Investimentos em Direitos Creditórios – FIDCs, fomento mercantil também conhecido como factorings) precisarão se atualizar o quanto antes e, uma vez conseguindo,

---

[49] NA CONTRAMÃO dos bancos e com apoio do BC, cooperativas abrem agências no País. **Isto é Dinheiro**, 16 fev. 2021. Disponível em: https://www.istoedinheiro.com.br/na-contramao-dos-bancos-e-com-apoio-do-bc-cooperativas-abrem-agencias-no-pais/. Acesso em: 3 set. 2021.

ficarão cada vez mais com cara de fintechs, inclusive diminuindo o número de colaboradores e buscando ganhar eficiência para sobreviver à concorrência. Alguns podem não conseguir acompanhar o novo ritmo de mercado e deixarão de existir. Isso posto, esse talvez seja o caminho que se tornará mais frágil com o passar do tempo.

Há também as instituições de médio porte, players que estão hoje em pleno processo de mudança. Como vimos no capítulo anterior, existem bancos médios entrando no ambiente de Banking as a Service ou buscando proposições de nicho, e esses caminhos não são excludentes. No primeiro cenário, ter um olhar aguçado sobre como viabilizar novos negócios financeiros para companhias de diferentes segmentos é uma competência que se tornará fundamental. Já no segundo, uma experiência prévia e conhecimento aprofundado do nicho no qual a instituição decidiu concentrar seus esforços é um grande diferencial. Em ambos os cenários, a leitura deste livro já ajuda o profissional a ter uma melhor visão de como o jogo deverá ser jogado daqui por diante e o que ele precisa compreender para se adequar à nova realidade.

ATUAR JUNTO A NOVOS ENTRANTES (FINTECHS E EMPRESAS QUE PASSARÃO A OFERTAR SERVIÇOS FINANCEIROS)

Não podemos afirmar que o perfil buscado de profissionais seja muito parecido com o que encontramos no mercado tradicional de hoje. As fintechs e empresas que estão se movendo em direção à nova lógica financeira precisam muito mais de profissionais que atendam os requisitos da economia digital e que possuam uma gama mais específica de habilidades do que, por exemplo, aquelas detidas por quem atuou na linha da frente comercial de um banco. Aqui, o conhecimento da dinâmica do mercado financeiro, seus produtos e detalhes, do ponto de vista técnico, é fundamental para diversos cargos. Entender como atuar com metodologias ágeis (com ciclos mais curtos e bem definidos no desenvolvimento de projetos, sendo esses flexíveis e enxutos) é muito importante, assim como conhecer os indicadores e ferramentas normalmente utilizadas no mundo das startups e dos negócios digitais.

Como já disse aqui, existe toda uma série de posições sendo abertas que estão intimamente ligadas ao processo de transformação digital do mercado, como desenvolvedores de software, especialistas em experiência do usuário, entre outras. Para um profissional fazer um movimento de transição de carreira para tais cargos, é necessário correr o quanto antes e buscar cursos e treinamentos que complementem o lado técnico exigido. No Brasil, além dos centros de formação tradicionais, existem bons programas em empresas como Udemy, Trybe, Digital House, Gama Academy, entre outras, que preparam para os desafios profissionais que teremos daqui para a frente.

Um perfil multidisciplinar, com o devido complemento de competências exigidas pela economia digital, aliado a vivências em diferentes ambientes, é algo apreciado pelos empregadores que desejam profissionais que pensam "fora da caixa" e combinam visões e experiências na resolução dos desafios cotidianos.

TORNAR-SE UM PROFISSIONAL AUTÔNOMO

Por fim, há a possibilidade de atuar de forma autônoma no mercado. Um caminho que, no mercado de investimentos, foi popularizado na figura dos agentes autônomos de investimento (AAI).

Segundo definição da CVM,[50] os agentes autônomos de investimento são pessoas físicas que atuam como representantes sob a responsabilidade dos integrantes do sistema de distribuição de valores mobiliários, especialmente as corretoras. Como opção, podem também exercer suas atividades sob a forma de sociedade ou firma individual, desde que constituídas exclusivamente para esse fim. Contudo, somente agentes autônomos registrados podem participar da sociedade. Essa carreira foi bastante popularizada pela XP Investimentos no começo dos anos 2000 e hoje é bastante considerada por profissionais que desejam sair dos bancos para possuir maior independência e, em muitos casos, empreender no mercado financeiro. De modo geral, o profissional se insere em um modelo de plataforma aberta de investimentos no qual, via corretora com a qual está associado, distribui fundos e produtos de diferentes gestoras e é comissionado por isso. Essa atuação requer certificação da Associação Nacional das Corretoras e Distribuidoras de Títulos e Valores Mobiliários, Câmbio e Mercadorias (Ancord).

Há também o planejador financeiro, figura que é popular em países como os Estados Unidos, que atua prestando um serviço amplo e consultivo voltado para a vida financeira do cliente, compreendendo investimentos, seguros, impostos, previdência e sucessão patrimonial. O planejador costuma ser remunerado com a cobrança de um percentual sobre o patrimônio do cliente, mas outros arranjos também podem ocorrer, como valores recorrentes mensais ou por hora de serviços prestados, por exemplo. Esse profissional pode utilizar plataformas de outras empresas para agregar uma camada adicional de inteligência e insights aos

---

50 AGENTES autônomos de investimento. **Portal do Investidor.** Disponível em: https://www.investidor.gov.br/menu/Menu_Investidor/sistema_distribuicao/Agentes_autonomos.html. Acesso em: 4 set. 2021.

serviços oferecidos. Vemos fintechs, como a Warren, em sua divisão Warren for Business, e a Fiduc, atuando nessas frentes. A atividade é regulada pela CVM e exige a certificação CFP (Certified Financial Planner) para ser desempenhada.

Outro profissional é o consultor de investimentos, que pode atuar de forma independente na recomendação, no aconselhamento e no suporte de seus clientes, de acordo com os perfis dos investidores. Ele pode indicar produtos específicos de investimento, algo que o planejador financeiro não pode fazer, e deve ser credenciado perante a CVM para exercer essa função. O modelo de remuneração pode seguir a mesma linha do planejador. A Warren for Business é um exemplo de plataforma criada por uma fintech que pode ser usada pelos consultores para otimizar e aumentar a eficiência do seu trabalho.

Recentemente, um novo modelo batizado de "bancário autônomo" chegou ao mercado, introduzido pela fintech Franq Open Banking. Trata-se de uma alternativa para profissionais que possuam mais de cinco anos de mercado e que queiram continuar atuando, só que de forma desassociada de uma instituição específica. Os *personal bankers*, como são chamados pela Franq, pagam uma taxa mensal para ter acesso a uma plataforma que contém diversos produtos financeiros (desde seguros até crédito e investimentos) de múltiplas instituições (de bancos a fintechs) que eles podem ofertar para seus clientes e serem comissionados. A plataforma também visa capacitar, continuamente, os profissionais e servir como uma espécie de software de automação de sua carteira. Essa é uma saída interessante para quem já atuou ou atua na área comercial dos bancos e busca um modelo no qual possa continuar atendendo clientes com os quais já possui relacionamento, utilizando seu conhecimento e experiência, acumulado no mercado financeiro, dentro de um modelo empreendedor.

UM PERFIL MULTIDISCIPLINAR, COM O DEVIDO COMPLEMENTO DE COMPETÊNCIAS EXIGIDAS PELA ECONOMIA DIGITAL, ALIADO A VIVÊNCIAS EM DIFERENTES AMBIENTES, É ALGO APRECIADO PELOS EMPREGADORES QUE DESEJAM PROFISSIONAIS QUE PENSAM "FORA DA CAIXA" E COMBINAM VISÕES E EXPERIÊNCIAS NA RESOLUÇÃO DOS DESAFIOS COTIDIANOS.

NOVOS TEMPOS, NOVAS FORMAS DE GERIR TALENTOS

Considerando o ritmo intenso de inovações no mercado financeiro, outro desafio que se apresenta para as instituições é a forma como elas deverão encontrar, gerir e desenvolver os talentos nesse novo momento. A consultoria McKinsey desenvolveu um estudo chamado "The Future of Banking Talent"[51] no qual enumera seis formas com as quais os bancos podem se tornar organizações preparadas para essas transformações:

1. **Compreender os requisitos dos talentos do futuro**
Os estudos mostram que 43% de todas as horas trabalhadas em um banco podem ser automatizadas com as tecnologias que temos hoje em dia. Consequentemente, os requisitos estão migrando de habilidades cognitivas para socioemocionais e tecnológicas. Os bancos terão de analisar onde eles possuem lacunas de longo prazo para desenvolver um plano com o objetivo de cobrir essas lacunas.

2. **Identificar funções críticas e gerenciar os talentos apropriadamente**
A pesquisa aponta que cerca de cinquenta funções promovem 80% do valor para o negócio. Os bancos precisarão identificar essas funções com base em dados, em vez de em hierarquia tradicional. Na verdade, aproximadamente 90%

---

[51] THE future of banking talent. **McKinsey and Company**, 20 mar. 2019. Disponível em: https://www.mckinsey.com/industries/financial-services/our-insights/banking-matters/the-future-of-banking-talent. Acesso em: 14 set. 2021.

dos talentos críticos para a organização são perdidos quando elas se concentram apenas no topo. Em seguida, os bancos devem combinar os melhores desempenhos para essas funções e gerenciar ativamente o seu desenvolvimento.

3. **Adotar um modelo de negócios ágil**
Os bancos precisarão mudar de uma estrutura hierárquica tradicional para uma estrutura ágil, na qual a liderança permite que as redes de equipes cumpram suas missões. Conforme as oportunidades vêm e vão, diferentes equipes são montadas internamente e realocadas quando necessário. Esse formato mais flexível tem vários benefícios para a organização, como redução de custos, tempo mais curto de implementação de projetos, maior engajamento dos colaboradores, nível consideravelmente menor de falhas na solução final e maior satisfação do consumidor.

4. **Usar dados para tomar decisões relativas a pessoas**
Em vez de tomarem decisões baseadas em vieses subjetivos ou em velhas práticas de mercado, os bancos precisarão usar dados para recrutar, reter, motivar e promover seus talentos. Por exemplo, os dados da empresa podem ser usados para desenvolver uma das funções com as taxas mais altas de desgaste, baseadas em performance. Os resultados, então, devem ser utilizados para definir as áreas de foco para reduzir a rotatividade.

5. **Foco na inclusão e diversidade**
Diversidade leva a uma melhor performance financeira e tem vários outros benefícios, como decisões mais bem tomadas, maior satisfação dos colaboradores e melhoria da imagem da companhia.

Os bancos líderes do setor definirão metas mensuráveis de diversidade e reavaliarão todos os processos para expor tendências inconscientes.

6. Certifique-se de que o conselho esteja focado no talento
Apenas 5% dos diretores corporativos acreditam que são eficazes no desenvolvimento de talentos. Para terem sucesso, os conselhos precisarão reconhecer os Recursos Humanos (RH) como um parceiro estratégico. O RH poderá lançar mão de automação para alavancar sua função e economizar tempo.
O RH pode, então, concentrar-se em fornecer ao conselho informações sobre questões de capital humano, como planejamento de sucessão e risco atrelados aos talentos. O CEO, CFO e CHRO (Chief Human Resources Officer) formam a trinca que toma as principais decisões sobre a alocação de capital humano e financeiro.

VOCÊ ESTÁ PREPARADO PARA ESSE NOVO MOMENTO?

Por mais que tudo esteja se digitalizando rapidamente, e que pareça que todo o mercado será, muito em breve, ocupado praticamente por máquinas, as instituições precisam de pessoas, pois são elementos vitais para que essas próprias instituições existam. Estamos falando de talentos que entenderam que um novo jogo está sendo jogado, que saibam usar a tecnologia e os dados a seu favor, que sejam focados em seu aprimoramento contínuo, que ajam de forma intraempreendedora e que sejam criativos. Vale ressaltar que essas são características que não devem ser buscadas apenas para satisfazer uma organização, mas perseguidas como meio de manter a própria empregabilidade e perpetuidade no mercado, seja em qual instituição for.

Como pudemos ver, existem múltiplas possibilidades à medida que caminhamos para a nova lógica financeira, incluindo a criação de novos caminhos em um mercado financeiro mais amplo, acompanhado da necessidade de novos perfis de profissionais, e a diminuição contínua de demanda em outras vias; ou até o desaparecimento, em certos casos.

O escritor Ernest Hemingway, em seu livro O sol também se levanta, descreve a explicação que uma personagem da obra dá ao ser perguntada sobre como havia falido: "Primeiro, gradualmente, e depois de súbito".[52] Aplicada em outros contextos, essa máxima continua fazendo sentido, sobretudo no ambiente de tecnologia. Todos os sinais apontam para o fato de que uma transformação está em curso e mudando, pouco a pouco, o mercado e a forma como as coisas são feitas. Até que um dia, não temos mais sinalizações, pois nos damos conta de que as coisas mudaram completamente e já não há volta. Então, sabendo das informações que foram reunidas ao longo deste livro, você poderá planejar melhor os próximos passos e movimentar sua carreira para conseguir seu espaço dentro da nova lógica financeira, sobrevivendo a todas essas mudanças.

---

[52] HEMINGWAY, E. **O sol também se levanta**. Rio de Janeiro: Bertrand, 2015. Edição Kindle.

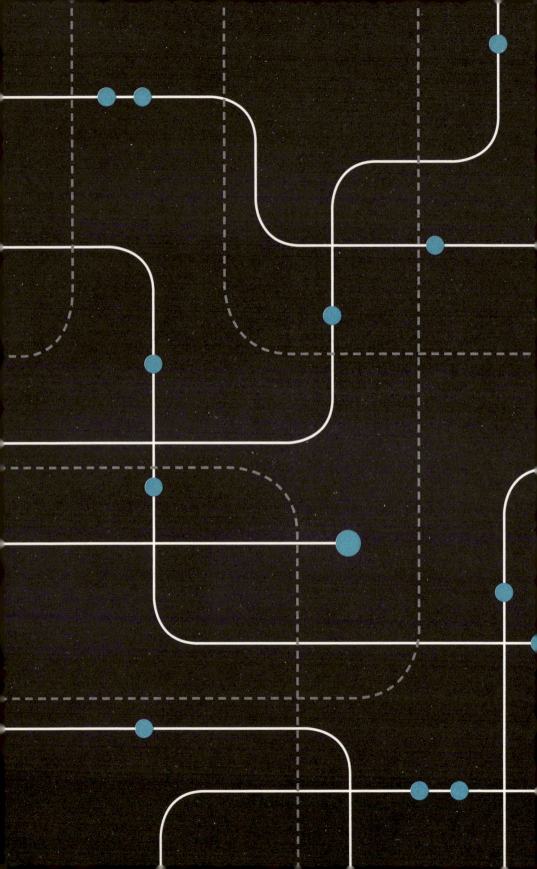

9

A PRÓXIMA ERA DOS SERVIÇOS FINANCEIROS ESTÁ SENDO ESCRITA AGORA

A minha ideia, quando escrevi este livro, foi mostrar como o mercado financeiro está tomando uma dimensão mais ampla do que jamais vimos à medida que extrapola as conquistas trazidas pelo fenômeno fintech e incorpora novas tecnologias e regulamentações. Também tive a intenção de abordar inovações e conceitos como o Open Finance, Banking as a Service, Banking as a Platform, embedded finance, entre outros.

Nas páginas anteriores, você pôde entender, em detalhes, os elementos que estão nos levando para a nova lógica financeira e quais são as incríveis possibilidades abertas para os consumidores, profissionais, instituições do mercado financeiro e empresas dos mais variados segmentos. Como resultado, temos a resolução de diferentes dores dos consumidores ao longo das suas jornadas cotidianas e, através da conexão desses diferentes atores, democratizamos o acesso aos serviços financeiros, trazendo experiências de consumo inovadoras, além de economia e facilidades. Conforme essa dinâmica evolui em um processo contínuo de inovação vai se tornando mais fácil alavancar sinergias e gerar uma relação de ganha-ganha entre todos os envolvidos, consolidando ainda mais a realidade da nova lógica.

Veremos surgir formas alternativas de pagamentos e o consumo de soluções financeiras e não financeiras através das nossas marcas favoritas. A atitude fará com que fiquemos mais próximos dessas empresas e nos ajudará a aprofundar nossa relação com elas por meio da imersão em seus ecossistemas, que serão povoados por produtos próprios e de terceiros, que poderão ser orientados para públicos específicos. Assim, devemos ver competições acontecendo entre ecossistemas para além da disputa entre empresas e soluções pontuais, como víamos anteriormente.

As empresas que decidirem trilhar o caminho da nova lógica financeira deverão tratar essa empreitada com a devida atenção, preferencialmente criando uma unidade de negócios para tal. Para aproveitar ao máximo o potencial do embedded finance, não basta plugar um provedor de BaaS e dar pouca atenção a essa frente. É necessário investir em talentos e dedicar recursos financeiros, bem como aprimorar a experiência do usuário e avaliar continuamente se existem novas oportunidades de tornar a jornada desse usuário mais fluida com o passar do tempo. Estratégias de longo prazo devem levar em conta a construção de ecossistemas coesos e integrados para serem bem-sucedidas.

VEREMOS SURGIR FORMAS ALTERNATIVAS DE PAGAMENTOS E O CONSUMO DE SOLUÇÕES FINANCEIRAS E NÃO FINANCEIRAS ATRAVÉS DAS NOSSAS MARCAS FAVORITAS. A ATITUDE FARÁ COM QUE FIQUEMOS MAIS PRÓXIMOS DESSAS EMPRESAS E NÓS AJUDARÁ A APROFUNDAR NOSSA RELAÇÃO COM ELAS POR MEIO DA IMERSÃO EM SEUS ECOSSISTEMAS.

Porém, mesmo seguindo as boas práticas mencionadas acima, não há garantias de sucesso. Por exemplo, a Razer, fabricante de periféricos para computador do Sudeste Asiático voltada para o público gamer, possuía uma estratégia fintech que envolvia a atuação B2C através da unidade Razer Pay, contemplando um ecossistema que incluía carteira digital, cartão de crédito e serviços agregados. Também possuía a B2B via unidade Razer Merchant Services, focada em soluções de pagamentos para negócios. Mesmo com uma comunidade numerosa e engajada, a empresa decidiu encerrar[53] a unidade Razer Pay por sofrer com a forte concorrência existente no mercado de carteiras digitais da região, onde o superapp Grab tem grande popularidade e é um dos players mais fortes. Isso mostra a importância de um estudo local aprofundado do contexto competitivo e econômico ao se lançar esse tipo de projeto, bem como a necessidade de se realizar ajustes na estratégia conforme forem acontecendo alterações no cenário macro. Ter milhões de usuários não necessariamente se traduz em sucesso na estratégia do embedded finance, não sem que haja um modelo de negócios que leve em conta esses aspectos e esteja disposto a se adaptar para entregar algo que faça sentido e seja utilizado pelos seus usuários.

No Brasil, talvez presenciemos grandes desafios em alguns modelos, como o caso das carteiras digitais citado acima, seja pela dificuldade que determinadas soluções terão em justificar seus diferenciais, seja pelo fato de que alguns players criarão ecossistemas tão vantajosos para certos usuários que poderão criar barreiras difíceis de serem superadas por aqueles que

---

[53] RAZER to shuts down e-wallet. **Finews.asia**, 13 ago. 2021. Disponível em: https://www.finews.asia/finance/35146-razer-pay-to-shut-e-wallet-and-cards-ecosystem. Acesso em: 14 set. 2021.

atuam com embedded finance em algum nível. Desse modo, o mercado deve passar por um processo de tentativa e erro para chegar a um modelo ideal em determinadas frentes. Contudo, vale ressaltar que embutir serviços financeiros nas jornadas de forma invisível, contextual, customizada e amparada por dados em uma realidade aberta será algo que vejo como irreversível daqui para a frente.

Olhando para o mercado financeiro tradicional nesse momento de transição, percebemos que a nossa visão de banco será modificada. Em um ambiente no qual muitos serviços financeiros se tornam commodities e as empresas passam a ocupar funções que eram exclusivas de bancos na mente dos consumidores, percebemos que a forma como tais serviços são ofertados ganha ainda mais peso. Aqui, vemos as instituições financeiras podendo atuar de forma invisível, possibilitando o embedded finance como provedor de BaaS ou tendo seus produtos distribuídos em outros ecossistemas, ou de maneira visível, seguindo a estratégia de Banking as a Platform, orquestrando o próprio ecossistema. Nesse último cenário, é inegável que agregar serviços não financeiros gera benefícios adicionais para o banco em termos de Lifetime Value (LTV) e na captura de dados adicionais, permitindo um maior conhecimento do seu consumidor, bem como a oferta de soluções contextuais inovadoras.

> **Conforme as empresas investem na evolução de suas plataformas não financeiras agregando serviços financeiros, e entregando-os com excelência, os grandes bancos precisarão**

reagir realizando um movimento exatamente contrário. Em outras palavras, enquanto as plataformas se tornam "bancos" melhores, os bancos deverão se transformar em plataformas superiores.

Para implementar essa estratégia, os grandes bancos deverão se tornar mais do que bancos – na cabeça dos consumidores e, em certa medida, na própria operação. Eles deverão buscar pisar em novos terrenos e agregar parceiros para complementar o caminho da jornada de experiência do cliente em seu cotidiano. Assim, passarão a se tornar uma parte cada vez integral da vida dos seus consumidores.

Acredito que um dos aspectos mais importantes da nova lógica financeira é o fato de que, dentro de tal conceito, os serviços financeiros podem enfim chegar aonde os bancos nunca conseguiram levá-los, e de formas que ainda não foram exploradas e só serão possíveis em uma nova realidade mais plural do mercado. Esse é um salto incrível para a sociedade

e mostra a importância de integrarmos o mercado financeiro com outros segmentos para podermos ir mais longe.

Quando vejo o momento que estamos atravessando e a forma como o jogo financeiro está sendo reconfigurado, fico empolgado com as possibilidades de negócio e acesso que serão abertas e como o consumidor e a sociedade poderão colher os benefícios e facilidades que experienciaremos, com ainda mais frequência, daqui por diante.

Por outro lado, sei que esse é um processo rápido de transformação que provocará movimentos abruptos para as pessoas e organizações que ainda atuam sob a lógica atual e terão que se adequar em tempo recorde.

A criação desta obra teve como objetivo dar vazão ao meu propósito que é, justamente, auxiliar profissionais e empresas nesse processo de transição rumo à nova lógica, ajudando-os a se adaptar e a sobreviver ao novo contexto, para que, assim, sejam capazes de aproveitar as oportunidades criadas pelas inovações que estão chegando. Meu livro vem para sumarizar essas novidades e apontar caminhos, amplificando minha mensagem e buscando impactar o maior número de pessoas. Agora que você concluiu a jornada de leitura, acredito que o primeiro passo foi dado rumo à compreensão de tudo isso.

Não podemos nos esquecer que esse é um processo contínuo e que o mercado é constantemente impactado por inovações que chegam a todo momento. Para acompanhar esses avanços, proponho que você me siga em minhas redes sociais para ficar sempre atualizado e saber mais sobre as próximas novidades que impactarão o seu trabalho e seus negócios no futuro.

A próxima era dos serviços financeiros está sendo escrita agora, e você pode ter certeza de que ainda veremos muitas outras mudanças. Sendo encarada sob a nova lógica financeira, a frase dita por Bill Gates em 1994, "*Banking is necessary, banks are not*" – em tradução livre, "serviços bancários são necessários; os bancos, não" –, nunca pareceu tão clara e possível. Essa é uma importante mudança de conceito das várias outras que ainda estão por vir neste novo ambiente no qual todos nós estamos inseridos. Fico bastante entusiasmado com os próximos passos e muito honrado de ter sido seu guia nessa jornada.

Até a próxima!

Bruno Diniz

Este livro foi impresso pela Assahi
em papel pólen bold 70 g/m²
em outubro de 2021.